Xpert.press

Weitere Information zu dieser Reihe finden Sie unter http://www.springer.com/series/4393

Die Reihe **Xpert.press** vermittelt Professionals
in den Bereichen Softwareentwicklung,
Internettechnologie und IT-Management aktuell
und kompetent relevantes Fachwissen über
Technologien und Produkte zur Entwicklung
und Anwendung moderner Informationstechnologien.

M. Daud Alam • Uwe F. Gühl

Projektmanagement für die Praxis

Ein Leitfaden und Werkzeugkasten für erfolgreiche Projekte

M. Daud Alam
Daimler AG
Böblingen, Baden-Württemberg
Deutschland

Uwe F. Gühl
Stuttgart, Baden-Württemberg
Deutschland

ISSN 1439-5428
Xpert.press
ISBN 978-3-662-48046-5   ISBN 978-3-662-48047-2   (eBook)
DOI 10.1007/978-3-662-48047-2

Die Deutsche Nationalbibliothek verzeichnet diese Publikation in der Deutschen Nationalbibliografie; detaillierte
bibliografische Daten sind im Internet über http://dnb.d-nb.de abrufbar.

Springer Vieweg
© Springer-Verlag Berlin Heidelberg 2016

Gedruckt auf säurefreiem und chlorfrei gebleichtem Papier

Springer-Verlag GmbH Berlin Heidelberg ist Teil der Fachverlagsgruppe Springer Science+Business Media
(www.springer.com)

Dieses Buch ist Nafisa, Micha A., unseren Familien und unserer Freundschaft gewidmet.

رهرو آن نیست که گه تند و گهي خسته رود
رهرو آنست که آهسته و پیوسته رود

عبدالله انصاری

Geleitwort

Projektmanagement ist nichts Neues. Man könnte vielleicht sogar auf die Idee kommen, zu fragen, ob die Welt ein weiteres Buch zu Projektmanagement braucht.

Aus meiner Sicht ist die Antwort: Ja, allerdings.

Wegen des stetig härter werdenden Wettbewerbs und der sich gleichzeitig immer weiter verkürzenden Produktzyklen verändern sich Projekte in der Wirtschaft seit einiger Zeit stark. Die zur Verfügung gestellten Ressourcen (Zeit, Geld und Kapazität) werden immer weiter reduziert, die Projektbeteiligten und Stakeholder sind über verschiedene Regionen der Welt verteilt und über die Ergebnisse soll dabei das gewünschte Ziel so sicher erreicht werden wie nie zuvor.

Aus diesem Grund ist es noch wichtiger denn je, klar zu wissen, was das Ergebnis des Projekts eigentlich sein soll und woran man es messen will. Es bedarf einer klaren Gliederung in Projektphasen sowie der Definition von Meilensteinen, über die das Projekt und sein Fortschritt überwacht werden können. Die Überwachung, gern Controlling genannt, muss dabei die wirklich relevanten Aspekte im Blick behalten. Der Aufwand für das Controlling und das damit gekoppelte Berichtswesen an Budgetverantwortliche oder Kunden darf jedoch nicht den der fachlichen Projektbearbeitung übersteigen. Die Effizienz ist ein Grund hierfür, der Erhalt der Motivation der Bearbeiter der andere, fast noch wichtigere.

Die zielorientierte Überwachung des Projektfortschritts führt mitunter zu der Erkenntnis, dass der eingeschlagene Weg nicht ganz optimal war. Das weitere Vorgehen, eventuell sogar gesetzte Meilensteine müssen mindestens in Frage gestellt werden, oftmals komplett neu definiert werden. Der offene Umgang mit Misserfolgen oder Fehlern ist deswegen ein zentraler Faktor für den Erfolg eines Projektes. Das Eingeständnis dieser Situation ermöglicht die Einleitung von Schritten zur Analyse der Ursache und der Überplanung des Projektes.

Projektmanagement heute umfasst nicht nur die Notwendigkeit, das Projekt jederzeit flexibel den aktuellen Randbedingungen anpassen zu können, es müssen viel mehr Aspekte für die erfolgreiche Zielerreichung berücksichtigt werden und dies alles in kürzerer Zeit.

Das vorliegende Buch hat das Thema Projektmanagement gut strukturiert und damit praxisorientiert aufbereitet. Es bietet dem Projektmanager eine flexibel anwendbare Unterstützung, um sich den immer wachsenden Anforderungen erfolgreich zu stellen.

Sindelfingen, im Oktober 2015
Dr. Gritt Ahrens
Senior Manager, Mercedes-Benz Cars Development, Daimler AG

This is an excellent book for everyone who wants to find out more about project management.

Written using the authors' wide-ranging experiences solving real-life problems and their many years training students and lecturing, this book is a well-structured approach, complete with practical steps to facilitate all project management tasks. Each chapter starts with a set of learning objectives and ends with a summary of the relevant findings. In between, you find descriptions of sample problems taken from the automotive and IT sectors as well as content illustrating typical project phases, advice on strategies, practice examples, document templates, checklists to work through and many well-illustrated solutions and practical tips.

As well as providing an introductory theory on project management, the book also offers the tools readers need to bring their own projects to a successful conclusion. Although an introductory text, more experienced project management practitioners can also benefit from the interesting content, templates and checklists which will help them to implement their project practices in even more successful ways.

I highly recommend this interesting and neatly constructed book to all beginners who are looking for their first introductory book on project management.

Bangkok, Thailand, October 2015
Arnon Rungsawang
Associate Prof. in Computer Engineering, Kasetsart University

Vorwort

Tagtäglich haben wir in unserem professionellen, aber auch privaten Umfeld mit Projekten zu tun. Unsere Arbeit umfasst neben der Tätigkeit als Projektmanager auch die Weitergabe des entsprechenden Wissens. Bei diversen Projektmanagement-Schulungen und Vorlesungen, u. a. bei der IHK Stuttgart, Hochschule Pforzheim und an der Kasetsart University in Bangkok, Thailand, gab es sowohl auf Seiten der Teilnehmer als auch auf unserer Seite als Dozenten die Nachfrage nach einem Buch mit Praxisbezug, das als Werkzeugkasten für Projektmanagement dienen kann.

Ziel dieses Buchs ist es, nicht nur theoretisch an das Thema heranzuführen, sondern dem Leser das nötige Werkzeug für den Einsatz in der Praxis mit auf den Weg zu geben.

Die wichtigsten Begriffe und Phasen des Projektmanagements werden normgerecht erläutert. Anschließend beschäftigt sich dieses Buch mit projektübergreifenden Querschnittsthemen und spezifischen Inhalten bezüglich der Projektphasen. Tipps und Hinweise, Beispiele, Vorlagen und Checklisten sowie Aufgaben und Lösungen aus der Projektpraxis im Automobil- und IT-Umfeld ergänzen die Inhalte.

Dies soll Ihnen einen guten und schnellen Zugang zum Thema Projektmanagement ermöglichen und Ihnen helfen, Ihr Projekt erfolgreich durchzuführen.

Für folgende Zielgruppen ist dieses Buch konzipiert:

- Neugierige, die erste Kenntnisse über und Verständnis für das Thema Projektmanagement erwerben möchten.
- Teilnehmer einer Projektmanagement-Fortbildung, die auf der Suche nach Schulungsunterlagen sind.
- Projektmanagement-Interessierte, die sich auf ihr erstes Projekt optimal vorbereiten möchten.
- Projektmanagement-Experten, die zusätzliche Aspekte kennenlernen möchten, sowie Vorlagen und Checklisten für noch erfolgreichere Projekte nutzen wollen.

Folgendes bietet Ihnen dieses Buch:

- Praxisbezug
  Dieses Buch verbindet mehrjährige Praxiserfahrung in Projekten mit den einschlägigen Theorien des Projektmanagements. Damit soll Ihnen die Umsetzung des theoretisch Gelernten in die Praxis erleichtert werden. Sie erhalten neben umfangreichen Erläuterungen zu den relevanten Themen des Projektmanagements praxisnahe Unterstützung in Form von Beispielen, Vorlagen und Checklisten.
- Methodenbeispiele
  Dieses Buch beschreibt Methoden, die Sie in den unterschiedlichen Phasen, abhängig von den Randbedingungen in Ihrem Projekt, anwenden können.
- Ziele und Ergebnisse
  Der Beginn eines Kapitels führt die konkreten Lernziele auf. Am Ende eines Kapitels werden entsprechende Erkenntnisse zusammengefasst.

Wir danken in erster Linie unseren Familien, die mit ihrer Unterstützung erst dieses Buch ermöglichten. Besonders danken wir Christian Kücherer für seine sehr intensive Auseinandersetzung mit diesem Werk und seine exzellenten Hinweise und Erläuterungen. Herzlichen Dank für ihre Unterstützung, ihr Review und konstruktive Kritik an Diana, Marina und Nadia Alam, Micha A. Bohnet, Martin Carr, Winfried Erb – Geschäftsführer der Firma Consens-Training Erb, Miguel Freire Gomez, Prof. Dr.-Ing. Guido Kramann – Professor an der Fachhochschule Brandenburg, Nicole Merkel-Hilf, Dagmar Michels, Ebba Rauch und Sabine Willmann.

Stuttgart, Sindelfingen,   M. Daud Alam
November 2015   Uwe F. Gühl

Inhaltsverzeichnis

Abbildungsverzeichnis

Über die Autoren

Daud Alam, Diplom-Volkswirt, Jahrgang 1955, aus Herat, Afghanistan, begann seine Karriere als Programmierer für ein Siemens-Tochter-Unternehmen. Seine nächsten beruflichen Stationen waren das Softwarehaus Wesser-Informatik in Obereichen als Projektmanager und die Projektmanagement-Akademie in Stuttgart als Projektleiter. Aktuell ist er als IT-Experte bei Daimler AG tätig und führt darüber hinaus Seminare im In- und Ausland für MBTech, die Protics Akademie und die Daimler Bildungsakademie durch. Er hält Vorlesungen für Studierende der Daimler AG an der DHBW (Duale Hochschule Baden-Württemberg) und ist Lehrbeauftragter an der Hochschule Pforzheim in Deutschland.

Uwe Gühl, Dr.-Ing. Dipl.-Inform., Jahrgang 1966, aus Offenbach am Main, Deutschland, arbeitet freiberuflich in den Themengebieten IT-Projektmanagement internationaler On-/Off-Shore-Projekte, IT-Qualitäts- und Softwaretest-Management sowie Moderation und internationaler Teamentwicklung. Einer Ausbildung und Tätigkeit in der Sozialversicherung folgte ein Studium der Informatik sowie eine Promotion im Fachgebiet Maschinenbau. Er forschte und arbeitete in Unternehmen der Automobil-, Bank-, Handels-, Logistik- und Medienbranche sowie an Universitäten sowohl in Deutschland als auch international in der Schweiz, Frankreich, U.S.A., Indien und Thailand.

Einführung

Projektmanagement spielt in der heutigen Berufswelt eine immer wichtigere Rolle. So haben sich etwa die Projektmanagement-Tätigkeiten eines Ingenieurs während eines typischen Arbeitstags in den letzten Jahren signifikant von etwa 9 % auf über 16 % erhöht [4, S. 27].

Um über das Thema Projektmanagement sprechen zu können, ist ein gleiches Verständnis über die zugrunde liegenden Begrifflichkeiten notwendig. Begriffe können erst dann richtig angewendet werden, wenn sie richtig verstanden sind.

1.1 Definitionen

Es gibt teilweise verschiedene Definitionen unterschiedlicher Fachorganisationen und Gremien wie etwa des Deutschen Instituts für Normung (DIN) [3], der Deutschen Gesellschaft für Projektmanagement (GPM) [5] und des Project Management Institute (PMI) [6]. Auch definieren Unternehmen teilweise eigene Standards im Projektmanagement mit individueller Strukturierung und Benennung der Projektphasen. Die Begriffe wurden gesichtet, im Sinne einer leichten Verständlichkeit zusammengeführt und jeweils im entsprechenden Kontext normgerecht definiert und erläutert.

Auch für Projekte ist eine gemeinsame (Fach-)Sprache notwendig, daher sollte jedes Projekt über ein Glossar verfügen. Weitere Erläuterungen dazu finden Sie in Unterabschnitt 2.3.5. Das Glossar dieses Buchs finden Sie ab S. 161.

Zunächst stellt sich die grundlegende Frage: Was ist ein Projekt?

© Springer-Verlag Berlin Heidelberg 2016
D. Alam, U. Gühl, *Projektmanagement für die Praxis*, Xpert.press,
DOI 10.1007/978-3-662-48047-2_1

Projekt
Nach DIN 69901-5 ist ein Projekt ein „Vorhaben, das im wesentlichen durch Einmaligkeit der Bedingungen in ihrer Gesamtheit gekennzeichnet ist". Ein Projekt zeichnet sich aus durch eine Zielvorgabe mit zeitlichen, finanziellen und personellen Begrenzungen [1].

Es ist typischerweise neu- und einzigartig, komplex und bedarf einer projektspezifischen Organisation.

Merkmale eines Projekts sind:

- Zeitliche Begrenzung
  Es gibt einen Anfang und ein Ende.
- Einmaligkeit und Einzigartigkeit
  Typischerweise handelt es sich um etwas Neues.
- Definiertes Ziel
  Ergebnis kann zum Beispiel ein Produkt, ein System oder ein Prozess sein.
- Ausreichende Komplexität
- Bereichsübergreifend
  Dies gilt im Allgemeinen in großen Organisationen.
- Ressourcenbegrenzung

Bei einem Projekt handelt es sich also nicht um die Ausführung von Standardaufgaben. So ist etwa der Betrieb einer Software (Maintenance) eine laufende Aufgabe. Gibt es aber zum Beispiel Releases, die zu bestimmten Zeitpunkten ausgeliefert werden, so kann jedes Release mit Releaseplanung, -vorbereitung und -umsetzung als Projekt betrachtet werden.

Als Nächstes stellt sich die Grundfrage dieses Buchs: Was ist Projektmanagement?

Projektmanagement
Projektmanagement umfasst die Koordination von Menschen und den optimalen Einsatz von Ressourcen zum Erreichen von Projektzielen. Für den Begriff „Projektmanagement" gibt es darüber hinaus noch weitere Definitionen:

- DIN 69901-5: „Projektmanagement ist die Gesamtheit von Führungsaufgaben, -organisation, -techniken und -mitteln für die Initiierung, Definition, Planung, Steuerung und den Abschluss von Projekten "[1].

(Fortsetzung)

- Project Management Institute (PMI): „Project Management is the application of knowledge, skills, tools and techniques to project activities to meet project requirements."
  (frei übersetzt: „Projektmanagement ist die Anwendung von Wissen, Fähigkeiten, Werkzeugen und Techniken in Projektaktivitäten um Projektanforderungen zu erfüllen.").
- Gesellschaft für Informatik: „Das Projekt führen, koordinieren, steuern und kontrollieren".

1.2 Erfolgreiche Projekte

Studien bestätigen, dass viele IT-Projekte scheitern und viele weitere Projekte Termine und/oder Kosten überschreiten. Wie in Abb. 1.1 ersichtlich, steigt die Anzahl der erfolgreichen Projekte von 1994 bis 2012 insgesamt kontinuierlich; die Situation im Jahr 2012 stellt sich wie folgt dar [13]:

- Failed = Gescheitert:
  Dem Bericht zufolge waren im Jahr 2012 rund 18 % der gestarteten Vorhaben Komplettausfälle.
- Challenged = Zeit- und Kostenumfang gesprengt:
  2012 erfüllten laut Chaos Report 43 % der Vorhaben zumindest teilweise nicht die Wünsche und Anforderungen der Auftraggeber.

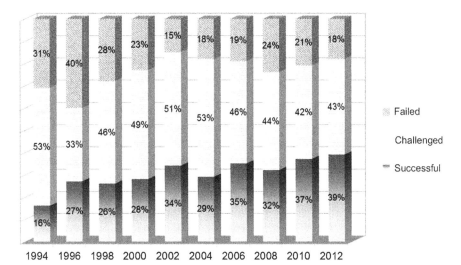

Abb. 1.1 Standish Group – Chaos Report 2013

- Successful = Erfolgreich abgeschlossen:
  39 % der im Jahr 2012 betrachteten Projekte haben Zeit und Kosten eingehalten und das Ziel erreicht.

Anzumerken ist, dass Standish den Begriff „Successful" im Jahr 2015 umdefinierte. Hintergrund ist, dass wenn ein Projekt sein „Ziel erreicht" hat, dies nicht unbedingt den entsprechenden Kundenwert wiedergibt. Standish hat festgestellt, dass Projekte zwar Zeit und Kosten eingehalten und das Ziel erreicht haben, aber der Kunde nicht zufrieden ist. So wurde in der Neudefinition des Begriffs „Successful" der Kundennutzen berücksichtigt, was zu einer Reduzierung des Anteils erfolgreich abgeschlossener Projekte um sieben Prozentpunkte führte (nach [14]).

Jeder Projektleiter möchte erfolgreiche Projekte durchführen. Warum sind Projekte erfolgreich und warum scheitern Projekte? Erfolgsfaktoren im Projektmanagement sind aufgeführt in Tab. 1.1 [12].

Projekte zeichnen sich heutzutage aus durch Fokussierung auf definierte Zielgruppen, steigende Komplexität sowie wachsende Erwartungen etwa bzgl. mobiler Kommunikation und geforderter Kosteneffizienz. Herausfordernd ist eine steigende internationale Zusammenarbeit mit Onshore-, Offshore- und Nearshore-Anteilen,[1] gestiegenen Umweltanforderungen sowie steigendem Kosten- und Termindruck.

Dieses Buch soll Ihnen dabei helfen, dass Ihre Projekte zu den erfolgreichen gezählt werden können. Tabelle 1.1 enthält Verweise auf Abschnitte in diesem Buch, welche die genannten Erfolgsfaktoren näher erläutern.

Tab. 1.1 Erfolgsfaktoren im Projektmanagement

Nr.	Erfolgsfaktor	Prozent	Verweis, siehe
1.	Einbinden der Anwender	15,9 %	Abschn. 2.2
2.	Unterstützung durch das Top-Management	13,9 %	Abschn. 3.1.3, Abb. 2.5
3.	Klare Anforderungen	13,0 %	Abschn. 2.1, 2.3
4.	Vernünftige Planung	9,6 %	Abschn. 3.2
5.	Realistische Erwartungen	8,2 %	Abschn. 2.2, 3.1.6, 3.2.8
6.	Kleine Projektmeilensteine	7,7 %	Abschn. 3.2.4, 3.3.3
7.	Kompetente Mitarbeiter	7,2 %	Abschn. 2.2, 3.2.6
8.	Klare Zuständigkeit (ownership)	5,3 %	Abschn. 3.1.3, 3.1.6, 3.2.6
9.	Klare Visionen und Themen	2,9 %	Abschn. 3.1.4, 3.1.6
10.	Fleißiges, zielorientiertes Projektteam	2,4 %	Abschn. 2.2
	Andere Erfolgsfaktoren	13,9 %	

---

[1] Onshore = Auslagern innerhalb des Herkunftslandes, offshore = Auslandsverlagerung, nearshore = Verlagerung in das nahe Ausland (oft osteuropäische Länder).

1.3   Vorgehensmodelle

Im Projektmanagement sind von unterschiedlichen Seiten Vorgehensmodelle entwickelt und Standards definiert worden. Im Folgenden eine Auswahl:

- International
  - Guide to the Project Management Body of Knowledge (PMBOK-Guide)
    Das PMBOK® ist Standard und zentrale Referenz des US-amerikanischen Project Management Institute (PMI) [6]. Dieser zählt mit dem ICB und PRINCE2 (siehe unten) zu den führenden Projektmanagement-Standards in der Welt.
  - IPMA Competence Baseline (ICB)
    Die International Project Management Association (IPMA) mit Sitz in den Niederlanden hat im Jahr 2015 mehr als 55 nationale Member Associations, wobei die GPM Deutsche Gesellschaft für Projektmanagement e. V. (GPM) der deutsche Vertreter ist. Die IPMA entwickelt und fördert Projektmanagement und hat mit dem ICB einen internationalen Projektmanagement-Standard definiert [15].
  - PRINCE2
    Ursprünglich war PRINCE (**Pr**ojects **in** **C**ontrolled **E**nvironments) der britische Regierungsstandard für IT-Projektmanagement. Die Weiterentwicklung PRINCE2 ist der De-facto-Standard für Projektmanagement in Großbritannien, aber auch in mehr als 50 anderen Ländern verbreitet [16]. PRINCE2 gibt einen Projektrahmen vor, welcher ständig im Sinne des Best-Practice-Gedankens weiterentwickelt wird.
- National
  - Deutsche NCB National Competence Baseline [7]
    Die 2008 erschienene und 2009 aktualisierte deutsche Übersetzung der ICB (siehe oben) in der Version 3.0 gilt als NCB der IPMA und ist die zentrale Referenz der GPM.
  - DIN 69900-1 und 69900-2, DIN 69901-1 bis 69901-5 [2]
    Die Projektmanagement-Normen DIN 69900 und DIN 69901 umfassen Grundlagen, Beschreibungen und Begriffe aus den Bereichen Projektmanagement und Netzplantechnik.
  - V-Modell XT [18]
    Das V-Modell XT ist ein Projektmanagement-Standard zum Entwickeln von IT-Systemen, der im öffentlichen Dienst in Deutschland verpflichtend ist. Es umfasst die Bereiche Projektmanagement, Qualitätssicherung, Konfigurationsmanagement, Systementwicklung sowie Vorgaben für die Ausschreibung und Vergabe von Projekten.
- Firmenspezifisch
  Insbesondere größere Unternehmen definieren auf Standards aufbauende firmenspezifische Projektmanagement-Vorgehensmodelle. Damit soll sichergestellt werden, dass Projekte in den Unternehmen einheitliche Gremien definieren, gleiche Vorgehen

nutzen, standardisiert berichten und effizient mit Vorlagen und Anleitungen unterstützt werden können. Beispiele sind:
– ITPM bei der BMW Group [8]
– Houston bei der Daimler AG [9]
– Project Management Excellence bei der Siemens AG [11]
• Domänenspezifisch
In der IT etwa sind verschiedene Vorgehensmodelle für Softwareentwicklungs-Prozesse definiert, zum Beispiel:
– Wasserfallmodell [1]
Hierbei handelt es sich um ein sequentielles Vorgehensmodell, das häufig in der Softwareentwicklung eingesetzt wird. Typische Phasen sind Analyse, Entwurf, Implementierung, Test und Wartung. Ausgangswerte einer Phase sind Eingangswerte für die Folgephase.
– V-Modell [17]
Dies ist eine ursprünglich aus der IT kommende Projektmanagement-Methode für Entwicklungsprojekte. Hierbei ist das Wasserfallmodell um Teststufen erweitert, wobei jeder Entwicklungsphase entsprechende Testphasen gegenüberstehen.
– Rational Unified Process (RUP) [1]
Der RUP umfasst auf der einen Seite ein Vorgehensmodell zur Softwareentwicklung, auf der anderen Seite handelt es sich um entsprechende Werkzeuge der Firma IBM. Er definiert folgende vier Phasen [1]:
· Inception (Konzeption)
· Elaboration (Entwurf)
· Construction (Erstellung)
· Transition (Übergabe)
– Scrum [10]
Scrum versteht sich als Vorgehensrahmen im Bereich des Projektmanagements. Es ist ein einfaches Prozessmodell mit wenigen Regeln und begründet sich auf die agile Softwareentwicklung.

Diese Standards sollen sicherstellen, dass Projekte mit gleichem Vorgehen und mit einer gleichartigen Dokumentation in einem gewissen Qualitätsstandard durchgeführt werden können. Zu bedenken ist aber, dass Projekte sehr unterschiedlich sind, was Ziele, Größe, Zeitrahmen und Umfang angeht. Mit Tailoring („Zuschneiden") erfolgen projektspezifische Anpassungen der Vorgehensmodelle. Damit möchte man erreichen, dass die Vorgehensmodelle für alle Projekt-Varianten eingesetzt werden können.

Die Praxis zeigt allerdings, dass die definierten Standards nicht immer zu 100 % umsetzbar sind. Zum Beispiel gibt es in internationalen Kooperations projekten unterschiedliche Vorgehensmodelle der beteiligten Partner, sodass nur ein Vorgehensmodell genutzt werden kann oder ein Kompromiss gefunden werden muss.

Basierend auf den Projekterfahrungen der Autoren sind in diesem Buch Querschnitts-themen identifiziert und vier Projektphasen definiert worden. Die erarbeiteten Inhalte wurden mit gegebenen Vorgehensmodellen abgeglichen.

1.4 Überblick

Die nächsten beiden Kapitel widmen sich den Querschnittsthemen und den Projektphasen.

Kapitel 2 erläutert generelle Themen der Projektarbeit. Querschnittsthemen wie Anfor-derungen, Projektkultur, Kommunikation, Dokumentation, Qualität, Risikomanagement und Methoden sind Projektphasen-übergreifend. Sie gelten über das gesamte Projekt und sind nicht einzelnen Projektphasen zuzuordnen. Als Beispiel sei die Projektkultur genannt. Diese spielt über die gesamte Projektdauer von der Strategie- bis zur Abschlussphase eine Rolle.

Das Folgekapitel 3 beleuchtet schwerpunktmäßig die einzelnen Projektphasen, be-ginnend mit der Strategiephase über Planungs- und Realisierungsphase bis hin zur Abschlussphase.

Kapitel 4 rundet das Buch mit einem Ausblick ab.

In Kap. 5 finden Sie Vorlagen, die Sie als Hilfsmittel in Ihren Projekten nutzen können.

1.5 Zusammenfassung

Im heutigen Berufsleben wird Projektmanagement immer wichtiger. Noch heute scheitert ein großer Teil von Projekten, sodass es Sinn ergibt, sich mit dem Thema Projektmana-gement tiefer auseinanderzusetzen. Mit Definitionen erfolgt eine Schärfung des Projekt- und Projektmanagement-Begriffs. Nationale und internationale Organisationen definieren Projektmanagement-Standards wie etwa den PMBOK-Guide oder die IPMA Competence Baseline. Darüber hinaus gibt es auch unternehmensspezifische und domänenspezifische Vorgehensmodelle.

Aufgaben

1.1. Projekt

(a) Was ist ein Projekt?

(b) Was sind die Merkmale eines Projekts?

1.2. Erfolgsfaktoren

Nennen Sie mindestens drei Erfolgsfaktoren für Projekte.

Literatur

1. Angermeier, Georg. 2016. Projektmanagement-Glossar des Projekt Magazins. https://www. projektmagazin.de/glossar/. Zugegriffen am 01.02.2016.
2. Bechler, Klaus J., und Dietmar Lange. 2005. *DIN Normen im Projektmanagement, BDU Servicegesellschaft für Unternehmensberater mbH*. Berlin: Beuth-Verlag.
3. DIN Deutsches Institut für Normung e. V.. 2016. Deutsches Institut für Normung. http://www. din.de/de/. Zugegriffen am 01.02.2016.
4. Eigner, Martin, und Ralph Stelzer 2009. *Ein Leitfaden für Product Development und Life Cycle Management*. Springer-Verlag Berlin Heidelberg.
5. Gesellschaft für Projektmanagement. 2016. GPM Deutsche Gesellschaft für Projektmanagement e. V. http://www.gpm-ipma.de/. Zugegriffen am 01.02.2016.
6. Project Management Institute. 2016. PMI – The world's leading professional association for project management. http://www.pmi.org/. Zugegriffen am 01.02.2016.
7. Schmehr, Werner, Gerold Patzak, und Dieter Eysel. 2009. *ICB – IPMA COMPETENCE BASELINE Version 3.0 in der Fassung als DEUTSCHE NCB 3.0 NATIONAL COMPETENCE BASELINE*. GPM Deutsche Gesellschaft für Projektmanagement e. V., Download über www.gpm-ipma.de, http://www.gpm-ipma.de/fileadmin/user_upload/Qualifizierung___ Zertifizierung/Zertifikate_fuer_PM/National_Competence_Baseline_R09_NCB3_V05.pdf. Zugegriffen am 01.02.2016.
8. Schollerer, Michael. 2016. Erfolgreiches Projektmanagement auf Basis des Vorgehensmodells „ITPM" der BMW Group. Ausarbeitung im Rahmen der Vorlesung "Juristisches IT-Projektmanagement", LMU München. http://www.pst.ifi.lmu.de/Lehre/wise-14-15/jur-pm/ itpm-ausarb. Zugegriffen am 01.02.2016.
9. Schüßler Consulting. 2016. Houston Projektmanagement und Prince2. http://www. schuesslerconsulting.de/?page_id=743. Zugegriffen am 01.02.2016.
10. Schwaber, Ken, und Jeff Sutherland. 2013. Der Scrum Guide. Der gültige Leitfaden für Scrum: Die Spielregeln. http://www.scrumguides.org/docs/scrumguide/v1/Scrum-Guide-DE.pdf. Zugegriffen am 01.02.2016.
11. Siemens A.G. Corporate Technology Office Project-Management. 2011. Project Management Excellence. http://www.energy.siemens.com/hq/pool/hq/power-generation/power-plants/power-plant-project-management-excellence.pdf. Zugegriffen am 01.02.2016.
12. The Standish Group. 1995. The standish group report – Chaos. Technical report, The Standish Group. https://www.projectsmart.co.uk/white-papers/chaos-report.pdf. Zugegriffen am 01.02.2016.
13. The Standish Group. 2013. Standish newsroom – CHAOS. 2013. http://www.standishgroup. com/. Zugegriffen am 01.02.2016.
14. Weber, Erik. 2015. Key lessons from Standish's. 2015. Chaos Report. http://www. erikweberconsulting.com/blog/chaos2015. Zugegriffen am 01.02.2016.
15. Wikipedia. 2016. International Project Management Association. https://de.wikipedia.org/wiki/ International_Project_Management_Association. Zugegriffen am 01.02.2016.
16. Wikipedia. 2016. Prince2. https://de.wikipedia.org/wiki/PRINCE2. Zugegriffen am 01.02.2016.
17. Wikipedia. 2016. V-Modell. https://de.wikipedia.org/wiki/V-Modell. Zugegriffen am 01.02.2016.
18. Wikipedia. 2016. V-Modell (Entwicklungsstandard). https://de.wikipedia.org/wiki/V-Modell_ (Entwicklungsstandard). Zugegriffen am 01.02.2016.

Querschnittsthemen

Ziel dieses Kapitels ist, Ihnen zu den Projektphasen-übergreifenden Themen einen Überblick zu geben. Die folgenden Abschnitte beschäftigen sich mit Anforderungen, Projektkultur, Kommunikation, Dokumentation, Qualität, Risikomanagement und Methoden. Am Ende dieses Kapitels haben Sie alle Themen, die mehrere Projektphasen betreffen, kennengelernt und verstanden.

2.1 Anforderungen

„Wenn du eine weise Antwort verlangst, musst du vernünftig fragen."
Johann Wolfgang von Goethe (1749–1832)

Dieser Abschnitt stellt in einem Überblick den Zusammenhang zwischen Anforderungen und Projekten dar. Requirements Engineering umfasst das Erheben und das Managen von Anforderungen. Zu diesem Thema haben sich Experten zusammengeschlossen, welche in diesem Umfeld schulen und zertifizieren [6]. Am Ende des Abschnitts kennen Sie Möglichkeiten, wie Anforderungen identifiziert und verwaltet werden können.

2.1.1 Ziele des Requirements Engineering

Ziel des Requirements Engineerings ist es, ein gemeinsames Verständnis über ein zu entwickelndes Produkt oder System zwischen Auftragnehmer und Auftraggeber zu

© Springer-Verlag Berlin Heidelberg 2016
D. Alam, U. Gühl, *Projektmanagement für die Praxis*, Xpert.press,
DOI 10.1007/978-3-662-48047-2_2

erreichen [17]. Dazu sollen die Anforderungen der richtigen Stakeholder[1] möglichst vollständig in hoher Qualität erfasst, analysiert, dokumentiert und validiert werden, um frühzeitig Fehler zu erkennen und zu beheben.

2.1.2 Projekte und Anforderungen

Den erwarteten Projektergebnissen liegen in der Regel Anforderungen zu Grunde. Zu Projektbeginn ist es entscheidend, die an das Produkt oder System gestellten Anforderungen zu ermitteln und diese mit dem Auftraggeber sowie dem Projektumfeld abzustimmen und zu vereinbaren. Dadurch lassen sich häufig auftretende Diskussionen und Diskrepanzen in der Interpretation pauschaler Anforderungen vermeiden. Ziel ist auch, Konflikte oder Widersprüche zwischen einzelnen Anforderungen festzustellen, Wünsche der Stakeholder zu klären und eindeutige, lösungsneutrale Anforderungen zu erhalten.

Die einmal erfassten Anforderungen können sich im Projektverlauf ändern, manche können wegfallen, andere hinzukommen. Damit ergibt sich die Notwendigkeit, die Anforderungen ständig zu überarbeiten, nach Bedarf zu reduzieren oder zu erweitern und dabei möglichst konfliktfrei zu halten.

Requirements Engineering

Das Requirements Engineering umfasst die Themengebiete [12]

- Erfassen und Dokumentieren von Anforderungen (engl. *Requirements Definition*)
  Die Anforderungen der Stakeholder sind zu ermitteln, zu dokumentieren und abzustimmen.
- Managen von Anforderungen (engl. *Requirements Management*)
  Synonym: *Verwalten von Anforderungen*.
  Die erfassten Anforderungen sind zu verwalten und bei Bedarf konsistent zu ändern.

In kleinen Projekten ändern sich bis zu 25 % der Anforderungen, in großen Projekten sogar bis zu 50 % [15]. Die durchschnittliche Änderungsrate der Anforderungen bei Software-Projekten beträgt etwa 2 % pro Monat, abhängig vom Produktkontext gibt es eine Varianz von etwa 1 bis 4 % [8, S. 372].

---

[1] Stakeholder sind alle, die das Projekt beeinflussen können, am Projekt interessiert oder vom Projekt betroffen sind.

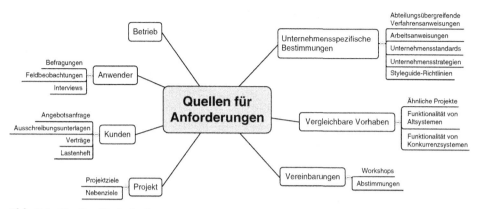

Abb. 2.1 Quellen für Anforderungen

Requirements Engineering hilft, mit Anforderungen und deren Änderungen professionell umzugehen.

2.1.3 Erfassen von Anforderungen

Um die Anforderungen zu erfassen, ist zunächst eine Anfrage an den Auftraggeber am sinnvollsten. Ein Projektauftrag mit Zieldefinition sollte vorliegen, die Wünsche und Vorstellungen des Auftraggebers sollten bekannt sein.

Berücksichtigen Sie zusätzlich zu den vom Auftraggeber vorgegebenen Anforderungen auch mögliche weitere Quellen für Projektanforderungen (siehe Abb. 2.1).

- Unternehmensspezifische Bestimmungen
  - Abteilungsübergreifende Verfahrensanweisungen
  - Arbeitsanweisungen
  - Unternehmensstandards
  - Unternehmensstrategien
  - Styleguide-Richtlinien
- Vergleichbare Vorhaben
  - Ähnliche Projekte
  - Funktionalität von Altsystemen
  - Funktionalität von Konkurrenzsystemen
- Vereinbarungen
  - Workshops
  - Abstimmungen
- Projekt
  - Projektziele
  - Nebenziele

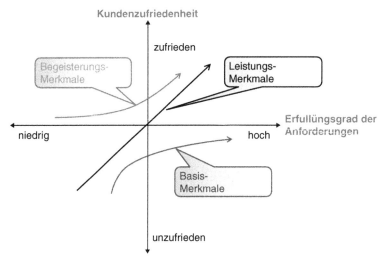

Abb. 2.2 Kano-Modell

- Kunden
  - Angebotsanfrage
  - Ausschreibungsunterlagen
  - Verträge
  - Lastenheft[2]
- Anwender
  - Befragungen
  - Feldbeobachtungen
  - Interviews
- Betrieb

Wird im Rahmen des Projekts ein Produkt oder eine Dienstleistung entwickelt, kann bei der Erfassung der Anforderungen auch das in Abb. 2.2 dargestellte Kano-Modell helfen [11].

Das Kano-Modell misst die Kundenzufriedenheit mit der Klassifizierung von Produkteigenschaften in:

- Basis-Merkmale
  Implizite Erwartungen des Kunden werden häufig nicht erwähnt, aber als selbstverständlich vorausgesetzt (Beispiel: Vorhandene Klimaanlage bei Neufahrzeugen).

---

[2]Siehe auch Unterabschnitt 3.1.7.

- Leistungs-Merkmale
  Diese können spezifiziert werden und dienen oft als Unterscheidungskriterien bei vergleichbaren Produkten (Beispiel: Bildschirmgröße, Auflösung und Energieverbrauch bei Fernsehern).
- Begeisterungs-Merkmale
  Ein „Wow-Effekt" ist etwas, was ein Kunde nicht erwartet und zu einer hohen Kundenzufriedenheit beitragen kann (Beispiel: Gestensteuerung bei Einführung der Smartphones).

Begeisterungs-Merkmale ändern sich im Laufe der Zeit zu Basis-Merkmalen. Zum Beispiel gehört das im Jahr 1978 für die Mercedes S-Klasse (W116) lieferbare hochinnovative Antiblockiersystem ABS inzwischen zu den Basis-Merkmalen eines Pkw. Das Kano-Modell lehrt, dass Basis-Merkmale nicht außer Acht gelassen werden dürfen. Des Weiteren können gezielt Begeisterungs-Merkmale erreicht werden, wenn die jeweiligen Kundenanforderungen bekannt sind.

Es empfiehlt sich, bei zu entwickelnden Produkten oder Dienstleistungen die Anwender, Nutzer oder potentiellen Kunden in die Definition der Projektanforderungen mit einzubinden, etwa in Form von Befragungen, Workshops, Überlassen von Prototypen oder Mitwirken in einer Testphase. Ihr Ziel sollte es sein, die Betroffenen zu Beteiligten zu machen.

Sind Anforderungen für ein Projekt identifiziert, sind diese im nächsten Schritt zu dokumentieren. Dies kann in natürlicher Sprache erfolgen, aber auch modellbasiert. Abschließend werden die Anforderungen geprüft und mit den Stakeholdern abgestimmt.

Eine Vorlage zum Erfassen von Anforderungen in Form einer Anforderungsliste finden Sie in Abschn. 5 auf S. 131.

2.1.4 Managen von Anforderungen

Das Anforderungsmanagement[3] ist ein kontinuierlicher Prozess über die gesamte Projektlaufzeit. Das Managen von Anforderungen umfasst folgende Aktivitäten:

- Dokumentation
  Anforderungen werden mit Attributen versehen wie Name, Beschreibung, Autor, Kritikalität oder Priorität.
- Priorisierung
  Die Priorisierung bestimmt die Wichtigkeit und Abarbeitungsreihenfolge der Anforderungen. Sie erfolgt abhängig von der Rollenverteilung im Projekt durch den Auftraggeber, den Projektleiter oder ein Change Control Board (CCB).

---

[3]Zu beachten ist, dass in der Literatur gelegentlich auch Anforderungsmanagement mit Requirements Engineering gleichgesetzt wird.

- Änderungsverfolgung
  Während der Projektlaufzeit können neue Anforderungen hinzukommen, bestehende sich ändern oder wegfallen. Die jeweiligen Änderungen sind zu protokollieren. Es ist sicherzustellen, dass Anforderungen und Anforderungsänderungen über die gesamte Projektdauer nachvollzogen werden können. Damit sind die Quellen von Anforderungen bekannt, welcher Stakeholder eine Anforderung gestellt hat und welche Ereignisse oder Gründe zu Änderungen führten.
- Transparenz
  Der Stand der Anforderungen muss für die Stakeholder im Projekt transparent sein. Die Stakeholder sollten einen leichten Zugang zu den Anforderungen haben.
- Umgang mit Anforderungsänderungen
  - Vorschläge
    Anforderungsänderungen können prinzipiell von allen Stakeholdern kommen und sind entsprechend zu dokumentieren.
  - Analyse
    Um Aufwand und Auswirkungen einer Anforderungsänderung beurteilen zu können, ist eine Analyse notwendig. Hierfür empfehlen sich Aufwandsabschätzungen und Expertenempfehlungen.
  - Abstimmung und Genehmigung
    Ein Change Control Board (CCB) ist als Änderungsgremium verantwortlich dafür, ob Anforderungsänderungen akzeptiert werden und in welcher Priorität sie abgearbeitet werden sollen. Typische Mitglieder des CCB sind der Auftraggeber, der Projektleiter, Kunden- bzw. Anwendervertreter, der Änderungsmanager und wichtige Stakeholder.

2.2   Projektkultur

„Wenn Du ein Schiff bauen willst, so trommle nicht Männer zusammen, um Holz zu beschaffen, Werkzeuge vorzubereiten, die Arbeit einzuteilen und Aufgaben zu vergeben, sondern lehre die Männer die Sehnsucht nach dem endlosen weiten Meer."
Antoine de Saint-Exupery (1900–1944)

Dieser Abschnitt zeigt den Zusammenhang zwischen erfolgreichen Projekten und einer guten Projektkultur. Darüber hinaus gibt es Informationen, wie Sie eine gute Arbeitsstimmung erzeugen können. Es besteht ein enger Zusammenhang zu den Bereichen Kommunikation (siehe Abschn. 2.3) und Sozialkompetenz.

Jedes Projekt entwickelt eine eigene Projektkultur, die sich darin äußert, wie sich die Zusammenarbeit im Projekt gestaltet, ob es ein gemeinsames Rollenverständnis gibt, wie man mit Fehlern im Projekt umgeht, welches Vorgehensmodell Verwendung findet und welche Regeln im Projekt gelten.

Aufgrund der Globalisierung gibt es immer mehr internationale Projekte. Hier sollte ein besonderes Augenmerk auf den Umgang mit kulturellen Unterschieden, unterschiedlichen Werten und eine gemeinsame Sprachfindung im Projekt gelegt werden.

2.2.1 Ziele der Projektkultur

Ziel in einem Projekt ist es, eine gute Projektkultur zu erreichen, damit alle Teammitglieder bestmöglichst am gemeinsamen Ziel arbeiten können. Hierbei umfasst der wichtigste Teil der Projektkultur den respektvollen und vertrauensvollen Umgang mit den betroffenen und beteiligten Menschen im Projekt.

Projektkultur

Nach der inzwischen nicht mehr gültigen DIN 69905:1997 ist die Projektkultur die „Gesamtheit der von Wissen, Erfahrung und Tradition beeinflussten Verhaltensweisen der Projektbeteiligten und deren generelle Einschätzung durch das Projektumfeld". Die Projektkultur umfasst die „weichen Faktoren" (Soft Skills) im Projekt, beispielsweise

- Identifizierung mit dem Projekt
- Wille zur Zusammenarbeit nach innen und außen
- Fairness und Respekt
- Kommunikationsfähigkeit
- Konfliktfähigkeit
- Aktivitätsgrad für das Projekt
- Offenheit

2.2.2 Wirkung des Projekts nach außen

„Es gibt nichts Gutes, außer man tut es."
Erich Kästner (1899–1974)

Ein Projekt befindet sich nicht im luftleeren Raum. Es gibt zum Beispiel bei Infrastrukturprojekten eine Öffentlichkeit; bei Unternehmensprojekten gibt es Bereiche in Unternehmen, die nicht eingebunden sind. Häufig hat dieses Umfeld einen gewissen Einfluss auf ein Projekt (vgl. Unterabschnitt 3.1.3), daher ist eine möglichst gute Darstellung des Projekts nach außen geboten.

Im Folgenden Tipps aus der Praxis für Sie:

- Suchen Sie Verbündete, etwa innerhalb der Organisation, in der das Projekt stattfindet, welche das Projekt – zum Beispiel als Sponsor – unterstützen.
- Darüber hinaus muss Ihr Ziel sein: Betroffene zu Beteiligten machen! Man muss die anstehenden Aufgaben miteinander bearbeiten.
  - Wer zum Beispiel als Endanwender mitgestalten kann, tut sich mit zukünftigen Änderungen im Arbeitsablauf leichter.
  - Ist der Betrieb in die Entwicklung einer Software eingebunden, wird er das fertige IT-Produkt mit höherer Motivation betreiben.
  So kann sich punktuell eine Zusammenarbeit ergeben.
- Identifizieren Sie mögliches Konfliktpotenzial oder Handlungsbedarf und ergreifen Sie entsprechende Maßnahmen.
- Binden Sie Stakeholder in Ihr Projekt ein, mindestens durch regelmäßige Information.
- Stellen Sie immer die Ergebnisse des Projekts rechtzeitig vor und zeigen Sie die Highlights interessierten Personenkreisen und Persönlichkeiten, die Ihr Projekt unterstützen können, zum Beispiel in bilateralen Gesprächen.
- Führen Sie regelmäßig Veranstaltungen durch, wie zum Beispiel ein Forum, in dem Sie aktiv über das Projekt informieren. Nehmen Sie die dabei entstehenden Rückmeldungen, Kritiken oder Fragen auf.
- Machen Sie Werbung für Ihr Projekt.

Folgende Punkte helfen nicht nur ein Projekt nach außen gut zu präsentieren, sondern auch eine Identifikation der Projektmitglieder mit dem Projekt zu erleichtern:

- Projektvision
- sprechender Projektname
- gutes zwischenmenschliches Klima
- Projektglossar
- Projektlogo
- Tandem-Prinzip
  Jemand im Projekt bildet mit einer Person außerhalb des Projekts ein Tandem, bspw. mit einem Anwender, um Anforderungen zu erfassen und fachlichen Rat zu erhalten (vgl. Abb. 2.4).

2.2.3   Wirkung des Projekts nach innen

„Es ist mehr wert, jederzeit die Achtung der Menschen zu haben, als gelegentlich ihre Bewunderung."
Jean-Jacques Rousseau (1712–1778)

Mit das Wichtigste im Projekt ist der Umgang mit- und untereinander: Sich gegenseitig wertschätzen und respektieren. Wir arbeiten mit Menschen im Projekt! Die Kooperation im Team ist die Basis für den Projekterfolg.

Alle Projektmitarbeiter sollen hinter dem Projekt stehen und von der Sinnhaftigkeit des Projekts überzeugt sein. Es ist eine Daueraufgabe des Projektleiters zu motivieren und zu überzeugen. Ein guter erster Zeitpunkt, alle Projektmitglieder abzuholen, ist der Projekt-Kickoff (siehe Unterabschnitt 3.2.9).

Zu einer erfolgreichen Projektkultur gehört die Selbstverantwortung der Projektmitarbeiter. Identifizieren sich Projektmitarbeiter mit ihren Aufgaben, die sie eigenverantwortlich gestalten, identifizieren sie sich leichter mit dem Gesamtprojekt. Daher sollen Projektmitarbeitern eindeutige Aufgaben mit messbaren Zielen gegeben werden, die selbstständig zu lösen sind. In einem Review können die Arbeitsergebnisse bewertet und Verbesserungsvorschläge für die Zukunft erarbeitet werden.

Wie können Sie Ihre Projektmitarbeiter zu einer guten Arbeit im Projekt motivieren?

- Definieren Sie mit messbaren Zielen, wann eine Aufgabe erledigt ist.
- Priorisieren Sie die Aufgaben.
- Berücksichtigen Sie beim Verteilen der Aufgaben die Interessen der Projektmitarbeiter. Bedenken Sie: Was jemand gerne macht, macht er auch gut!
- Vergeben Sie klare Aufgaben mit klarer Verantwortung.
- Unterstützen Sie das eigenverantwortliche Arbeiten.
  Fragen Sie nicht: Bis wann ist diese Aufgabe fertig?
  Fragen Sie: Was ist bis zu einem bestimmten Datum fertig?
- Konfliktmanagement
  Sorgen Sie als Projektleiter für ein gutes Konfliktmanagement. Vermeiden Sie unnötige Konflikte.
  Möchte beispielsweise ein Projektmitarbeiter eine bestimmte Aufgabe nicht übernehmen, fragen Sie lieber, ob jemand anderes die Aufgabe übernimmt, als dass Sie den Projektmitarbeiter zwingen, diese Arbeit zu tun.
- Halten Sie Ihre Projektmitarbeiter arbeitsfähig.
  Entlasten Sie Ihre Projektmitarbeiter von allen Anstrengungen, die diese behindern – etwa vermeidbare bürokratische oder administrative Tätigkeiten.
- Effiziente Projektsitzungen
  Sorgen Sie für eine ausreichende, aber nicht zu große Anzahl von Projektsitzungen. Jede Projektsitzung sollte ein klares Ziel haben, das am Anfang klar formuliert wird. Nur diejenigen sollten teilnehmen, die aktiv etwas beitragen können.
- Achten Sie darauf, dass die vergebenen Aufgaben anspruchsvoll sind.
- Zeigen Sie Ihren Projektmitarbeitern berufliche Perspektiven auf.
- Informieren Sie regelmäßig über den Stand des Projekts.
- „Eating your own dog food"
  Setzen Sie Programme oder Werkzeuge, die Sie für Kunden erstellen, auch im eigenen Projekt, respektive im eigenen Unternehmen, ein.

Stellen Sie Informationen zum Projekt und den Stand des Projekts prominent dar, zum Beispiel als Poster mit den Projektzielen oder Projektergebnissen. Visualisieren Sie die Projektregeln in Besprechungsräumen an einem Flipchart. Sorgen Sie für gute Arbeitsbedingungen, sodass Ihre Projektmitarbeiter optimal arbeiten können, und für eine angenehme Atmosphäre im Projekt; Beispiele:

- Definieren gemeinsamer Spielregeln
- Mitbringen kleiner Köstlichkeiten, Snacks oder Butterbrezeln zu Besprechungen
- Aufstellen einer Obstschüssel
  Hier können sich Projektmitglieder gesund ernähren und Informationen austauschen.
- Projektveranstaltungen wie der Besuch kultureller Ereignisse oder gemeinsame sportliche Aktivitäten
- Gemeinsames Projektfrühstück

2.2.4 Entscheidungskultur

„An irgendeinem Punkt muss man den Sprung ins Ungewisse wagen. Erstens, weil selbst die richtige Entscheidung falsch ist, wenn sie zu spät erfolgt. Zweitens, weil es in den meisten Fällen so etwas wie eine Gewissheit gar nicht gibt."
Lee Iacocca (*1924)

Ein Projektleiter muss regelmäßig Entscheidungen treffen, entscheidungsfreudige Projektleiter sind in der Regel auch erfolgreich. Allerdings entscheidet ein Projektleiter nicht immer allein, es gibt Abhängigkeiten insbesondere vom Auftraggeber und vom Steuerkreis, aber auch manche Stakeholder können sehr großen Einfluss auf ein Projekt haben. Des Weiteren spielt die Organisationsform (siehe Unterabschnitt 3.2.6) eine große Rolle bzgl. der Entscheidungsbefugnisse eines Projektleiters.

Problematisch sind Entscheidungen, die wegen Abhängigkeiten erfolgen müssten, aber nicht getroffen werden. Diese können ein Projekt lähmen oder im schlimmsten Fall zum Stillstand bringen.

Beispiel: Das Budget für eine gewünschte Programmänderung ist noch nicht freigegeben. Die Tests sollen erst dann starten, wenn das Programm fertig ist – mit oder ohne durchgeführter Programmänderung. Da der Projektleiter einerseits nicht das Risiko eingehen möchte, die Änderungen ohne finanzielle Absicherung zu beauftragen, andererseits auf die Änderungen nicht verzichten will, wartet er ab. Damit sind die Tests blockiert.

Folgender Gedanke zur Projektphilosophie: Keine Angst vor falschen Entscheidungen. Es ist einfacher, um Vergebung als um Erlaubnis zu bitten!

Etablieren Sie eine Entscheidungskultur in Ihrem Projekt. Dies können Sie mit folgenden Maßnahmen erreichen:

- Übertragung von Verantwortung (englisch *Empowerment*)
  Die Entscheidungsbefugnisse im Projekt werden an die Teilprojekte und Arbeitspaket-Verantwortlichen bezüglich deren Arbeitsgebiete übertragen. Sie sollen eigenverantwortlich agieren und innerhalb ihres Aufgabengebiets selbst entscheiden. Diese Gestaltungsmöglichkeiten fördern die Eigenverantwortlichkeit, stärken das Selbstbewusstsein der Projektmitglieder und ermöglichen so ein effizientes Arbeiten im Projekt.
- Was entschieden wurde, wird nicht wieder neu diskutiert.
  Ausnahme: Bekanntwerden neuer, bisher nicht berücksichtigter Fakten.
- Automatische Genehmigung
  Oft werden dringend Entscheidungen gebraucht, aber die entsprechenden entscheidungsbefugten Gremien kommen nicht rechtzeitig zusammen. Hier kann – nach vorheriger Absprache – vereinbart werden, dass bis zum Setzen einer Frist Einsprüche gegen eine Entscheidung möglich sind und falls diese nicht kommen, eine Entscheidung auch ohne separaten Beschluss möglich ist.
  Dieses Vorgehen sorgt dafür, dass ein Projekt nicht wegen einer fehlenden Entscheidung tage- oder gar wochenlang blockiert ist (Beispiel: Einführen eines speziellen Software-Tools).
- Getroffene Entscheidungen und Beschlüsse werden dokumentiert und für alle Projektbeteiligten transparent gemacht.

2.2.5 Lernen im Projekt

„Zwei Dinge sind zu unserer Arbeit nötig: Unermüdliche Ausdauer und die Bereitschaft, etwas, in das man viel Zeit und Arbeit gesteckt hat, wieder wegzuwerfen."
Albert Einstein (1879–1955)

Nutzen Sie die Kapazitäten im Team, um im Projekt besser zu werden, lernen Sie ständig im Projekt! Sorgen Sie dafür, dass das Wissen in Ihrem Projekt ausgetauscht wird und sich Projektmitglieder gegenseitig vertreten können. Vermeiden Sie eine zu große Abhängigkeit von einzelnen Projektmitgliedern. Versuchen Sie die Anzahl der Personen im Projekt, die fehlen müssen, damit Ihr Projekt scheitert, auf eine Zahl größer als 1 zu erhöhen.

Unterstützen Sie eine offene Atmosphäre, in der Fehler gemacht werden können. Gehen Sie positiv mit Fehlern um:

- Fehler sind legitim
  Wer arbeitet, macht auch Fehler.
- Bekannte Fehler sind gut – unbekannte Fehler sind nicht gut
  Bekannte Fehler kann man korrigieren und daraus lernen. Und man kann Vorkehrungen treffen, damit sie in Zukunft nicht noch einmal vorkommen.

- Jeder Fehler, den wir jetzt beheben, spart spätere Kosten und sichert den Projekterfolg.
- Keine Schuldzuweisungen, lösungsorientiert arbeiten: Wie können wir gemeinsam Fehler korrigieren?

Etablieren Sie regelmäßige Termine, um im Projekt innezuhalten und mit Ihren Projektmitarbeitern zu überlegen: Wo stehen wir? Was lief gut? Was sollte besser laufen? Was können wir tun?

Dem entspricht der PDCA-Zyklus nach Deming [4] mit den Schritten Planen, Tun, Prüfen, Agieren (*englisch: Plan, Do, Check, Act*; siehe hierzu Abschn. 2.5).

Die Software-Entwicklungsmethode Scrum sieht regelmäßige Retrospektiven vor, in welchen gute und verbesserungswürdige Punkte angesprochen und diskutiert werden. Ziel ist, eine Änderungskultur zu etablieren und mit der Umsetzung von Verbesserungsvorschlägen im Projekt besser zu arbeiten.

Wenn Ihr Projekt dynamisch wächst, führen Sie ein „Mentoren-Prinzip" ein, bei dem sich erfahrene Projektmitglieder um neue Projektmitglieder kümmern und deren erste Zeit im Projekt begleiten.

2.2.6 Internationale Projekte

Je globaler die Vernetzung in der Welt wird, desto wichtiger wird der kulturelle Aspekt in internationalen Projekten. Finden sich Menschen aus unterschiedlichen Kulturkreisen im Projekt zusammen, sind entsprechende Unterschiede, etwa in den Werten, zu beachten. Auch Sprachunterschiede sind nicht zu vernachlässigen. Vorherrschende Sprache in internationalen Projekten ist Englisch, aber nicht alle Projektmitglieder haben gleich gute Englischkenntnisse. Die Gefahr von Missverständnissen steigt.

Es empfiehlt sich ein interkulturelles Training, um Aspekte fremder Kulturen in einem internationalen Projekt besser zu verstehen und Missverständnisse zu vermeiden. Sprachkurse können helfen, die Kommunikation zu verbessern. Davon unabhängig: Respektvoller Umgang ist immer richtig.

Durch die Internationalisierung eines Projekts ergibt sich natürlicherweise eine zusätzliche Komplexitätsebene, durch unterschiedliche Sprachen, Kulturen, Projektorte und eventuelle Zeitverschiebung.

2.2.7 Scheitern

„Immer versucht. Immer gescheitert. Einerlei. Wieder versuchen. Wieder scheitern. Besser scheitern."
Samuel Beckett (1906–1989)

Eine unangenehme Frage ist der Umgang mit „schlechten Nachrichten", wenn das Projekt zu scheitern droht oder scheitert. Hier gibt es keine einfache, klare Antwort, die zu jeder Situation passt. Im Zweifelsfall sollte folgende Regel gelten: Authentisch und ehrlich sein und zu (seinen eigenen) Schwächen stehen. Das eigene Projekt sollte **niemals** schöngeredet werden. Auch ein Scheitern sollte man rechtzeitig eingestehen.

Die Verantwortlichen müssen in der Lage sein, die Projektsituation zu verstehen und entsprechende Entscheidungen zu treffen. Daher muss man in diesem Fall rechtzeitig mit dem Auftraggeber oder den Entscheidungsträgern sprechen. Hier sollten auch Gründe für die Schieflage im Projekt benannt werden, diese bieten Ansätze für Änderungen oder Verbesserungsmöglichkeiten. Statt Kritik erhält man oft überraschenderweise Hilfe und Unterstützung. Grundsätzlich ist ein frühes Scheitern kostengünstiger als ein zu spätes Scheitern.

In diesem Umfeld spielt die Unternehmenskultur eine sehr große Rolle. Je kritischer im Projektumfeld ein Scheitern gesehen wird, dass zum Beispiel Teammitglieder an Ansehen verlieren, desto standfester und selbstbewusster muss ein Projektleiter sein, um ein Scheitern einzugestehen. Im schlimmsten Fall führt es zu sehr hohen Kosten, wenn ein Projekt nicht rechtzeitig gestoppt wird.

2.2.8 Checkliste

Abbildung 2.3 zeigt eine Checkliste für die Projektkultur.

Checkliste Projektkultur

Frage	Ergebnis
1. Ist sichergestellt, dass die Projektkultur stetig nach Bedarf ggf. verändert und verbessert wird?	
2. Ist klar, welche Entscheidungen der Projektleiter und welche die Spezialisten treffen?	
3. Ist sichergestellt, dass die Projektmitglieder eigenverantwortlich arbeiten können?	
4. Werden getroffene Entscheidungen von allen Projektmitgliedern getragen, auch bei abweichenden Einzelmeinungen?	
5. Werden Probleme angesprochen und schnell gelöst?	
6. Sind Spielregeln definiert und werden diese auch im Projekt eingehalten?	
7. Werden Kritik und Lob gemeinsam getragen?	
8. Ist klar, wer wen unterstützt und an wen man sich bei Schwierigkeiten wenden kann?	

Abb. 2.3 Checkliste Projektkultur

2.3   Kommunikation

„Man kann nicht nicht kommunizieren."
Paul Watzlawick (1921–2007)

Kommunikation bedeutet Austausch oder Übertragung von Informationen und ist essentiell für Projekte: Nur dadurch ist eine zielorientierte Zusammenarbeit möglich. Notwendig ist, dass Informationen bei den Beteiligten ankommen. Die Bedeutung der Kommunikation liegt also in ihrer Wirkung, nicht in ihrer Absicht.

2.3.1   Ziele der Kommunikation

Ziele der Kommunikation sind:

- Verständliche Übertragung von Inhalten und Ideen, um auch komplexe Sachverhalte verstehen zu können.
- Austausch unterschiedlicher Sichtweisen.
- Klären zwischenmenschlicher und sachlicher Differenzen.

Mit einer guten Kommunikation in einem Projekt erreicht man folgende Ergebnisse (vgl. auch Abschn. 2.2):

- Respektvoller Umgang untereinander. Projektmitglieder hören einander zu und lassen sich ausreden.
- Gemeinsames Verständnis, das zu gemeinsamem Handeln führt.
- Transparenz, was bspw. dazu führt, dass Entscheidungen besser verstanden werden und Vertrauen aufgebaut werden kann.
- Aufdecken und Lösen von Konflikten.

Kommunikation im Projekt
Kommunikation im Projekt steht für den Informationsaustausch zwischen den Projektbeteiligten, insbesondere innerhalb des Projektteams, und ist ein entscheidender Erfolgsfaktor. Im Kommunikationsplan ist hinterlegt, wer mit wem wie oft im Projekt kommuniziert. Zu unterscheiden sind verbale und nonverbale Kommunikation. Kommunikationsschwierigkeiten aufgrund kultureller Unterschiede sind besonders bei internationalen Projekten möglich.

2.3.2   Aspekte der Kommunikation

Von Anfang an kommunizieren Menschen miteinander, sie wollen verstanden werden. Kommunikation besteht aus

- verbalen Elementen
  Dies sind die sprachlichen Inhalte.
- nonverbalen Elementen
  Diese umfassen Gestik, Mimik, Körpersprache und Stimme.

Mit dem nonverbalen Anteil der Kommunikation werden neben dem Sprachinhalt zusätzliche Informationen ausgetauscht wie emotionale Zustände, Wünsche oder auch Erwartungen an den Gesprächspartner. Vor allem Körpersprache und Mimik stehen für die Glaubwürdigkeit einer Aussage. Nach einer Studie von Mehrabian und Ferris [10] gilt bei Präsentationen vor Gruppen:

- 55 % der Wirkung erfolgt durch die Körpersprache, d. h. Körperhaltung, Gestik und Augenkontakt.
- 38 % des Effekts wird durch akustische Eindrücke wie Stimme und Tonfall erzielt.
- 7 % der Wirkung erfolgt durch den Inhalt des Vortrags.

In der Kommunikation sind zudem zu unterscheiden:

- Kongruentes Verhalten
  Verbaler und nonverbaler Inhalt stimmen überein.
- Inkongruentes Verhalten
  Verbaler und nonverbaler Inhalt stimmen nicht überein.
  Beispiel: Ein Projektmitarbeiter versichert, dass er „sehr gern" das Protokoll schreibt. Sein Gesicht und seine Gestik zeigen aber Abwehr und Widerwille: Aussage und äußeres Verhalten stimmen nicht überein.

Der nonverbale Teil ist der weitaus größere Teil der Information. Ein möglicher Schluss daraus: Wird der nonverbale Teil als wahr empfunden, wird die gesamte Information als wahr interpretiert.

Zu beachten ist, dass Kommunikation prinzipiell fehleranfällig ist. Informationen können vereinfacht oder sogar falsch wiedergegeben werden, was zu Missverständnissen oder Gerüchten führen kann. Dies ist in Planungen zu berücksichtigen.

Als Herausforderung gerade in internationalen Projekten ergibt sich oft die Schwierigkeit, sich in einer gemeinsamen Sprache auszutauschen.

2.3.3 Gute Kommunikation

Gute Kommunikation zeichnet sich aus durch

- Wertschätzung und Anerkennung
  Respektieren Sie Ihren Gesprächspartner und lassen Sie es ihn merken.
- Aktiv zuhören
  Wiederholen Sie Gehörtes mit eigenen Worten. Fragen Sie nach, wenn Sie etwas nicht verstanden haben. Bitten Sie Ihren Gesprächspartner wiederzugeben, was er verstanden hat.
- Offene Fragen stellen
  Offene Fragen zeigen Ihrem Gesprächspartner Interesse und erleichtern es ihm, sich auf ein bestimmtes Thema einzulassen.
- Loben
  Loben ist eine besondere Art der Wertschätzung: Loben Sie konkret und begründet, zum Beispiel wenn sich ein Mitarbeiter sehr engagiert und ein sehr gutes Ergebnis erzielt hat.
- Ich-Botschaften
  Geben Sie eigene Gedanken und Meinungen wieder, zum Beispiel: „Mir hat es nicht gefallen, wie Sie mit dem Kunden umgegangen sind", statt „So können Sie mit dem Kunden nicht umgehen".
- Konkrete Situationen/konkretes Verhalten ansprechen
  Nicht allgemeine Aussagen wie „Sie machen alles falsch", sondern Aussagen auf konkrete Sachverhalte beziehen wie „Sie haben mir das falsche Dokument geschickt". Sprechen Sie Themen direkt und möglichst zeitnah an.
- Am Thema bleiben
  Schweifen Sie nicht ab, versuchen Sie ein Thema vollständig zu besprechen.

2.3.4 Kommunikation als Aufgabe für den Projektleiter

„Die Natur hat uns nur einen Mund, aber zwei Ohren gegeben, was darauf hindeutet, dass wir weniger sprechen und mehr zuhören sollten."
Zenon, griechischer Philosoph (um 490–430 v. Chr.)

Aus den obigen Ausführungen ergibt sich die Bedeutung der Kommunikation. Der effiziente interne Informationsaustausch aller Projektbeteiligten ist einer der wesentlichen Erfolgsfaktoren für ein Projekt. Etwa 80 % der Arbeit eines guten Projektmanagements umfasst Kommunikation. Kommunikation ist ein (wenn nicht der) Schlüssel zum

Projekterfolg. Tom de Marco, etablierter Projektmanagement-Autor sowie Erfinder der „Strukturierten Analyse", schreibt: „Projekte scheitern nicht an der Technik, sondern an den Menschen".

Michael Campbell befragte über 500 Projektmanager. Wichtigster genannter Erfolgsfaktor war die Kommunikation. Bei Projekten, die scheiterten, wurde immer schlechte Kommunikation als kritischer Faktor identifiziert [3].

Ein Projektleiter muss „am Ball bleiben", den Überblick über sein Projekt haben, er muss immer wissen, was passiert. Damit dies gewährleistet ist, sind eine gute Projektkultur und eine gute Kommunikation notwendig:

- Aktiv zuhören
  Haben Sie ein Ohr für Ihre Projektmitarbeiter, führen Sie persönliche Gespräche, fragen Sie aktiv nach Fortschritten und Problemen im Projekt, aber auch nach der persönlichen Situation: „Wie geht es Ihnen?"
- Immer ansprechbar sein
  Sorgen Sie dafür, dass man leicht mit Ihnen in Kontakt treten kann. Etablieren Sie Termine, zu denen Sie auf jeden Fall erreichbar sind. Falls die Örtlichkeiten es zulassen: Wählen Sie Ihren Arbeitsplatz direkt im Projektteam; mittendrin statt außen vor.
- Mit gutem Beispiel vorangehen
  Verstehen Sie als Projektleiter, dass das eigene Verhalten Vorbildfunktion für die Projektmitarbeiter hat und einen wesentlichen Anteil an der Außenwirkung des Projekts.
- Fördern Sie die Teambildung im Projekt durch das Tandem-Prinzip.
  Bilden Sie Paare in Ihren Teams, bspw. eine Person arbeitet, die andere reviewt. Mentoren kümmern sich um neue Projektmitglieder. Dies ist auch sinnvoll in der Kommunikation nach außen, etwa eine Paar-Bildung mit fachlichen Experten oder Anwendern. Mischen Sie die Paare regelmäßig durch. Abbildung 2.4 stellt das Tandem-Prinzip schematisch dar.

Abb. 2.4 Tandem-Prinzip

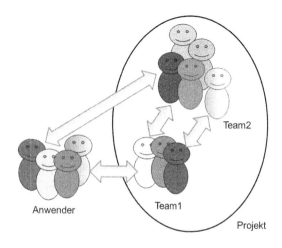

- Auch für Ruhe sorgen
  Zuviel oder dauernde Kommunikation ist auch nicht gut. So benötigt man ca. 15 Minuten, um sich in ein komplexes Thema zu vertiefen, Störungen im Viertelstundentakt sorgen dafür, dass es keine Produktivität gibt. Hier bieten sich separate Arbeitszimmer und Maßnahmen wie besprechungsfreie Tage an.
- Aktiv an der Verbesserung der Kommunikation arbeiten
  Die Kommunikation lässt sich zum Beispiel mit positiver Einstellung zum Projekt, Einfühlungsvermögen und Wertschätzung aller Projektbeteiligten verbessern. Eine Erhöhung der Qualität der Kommunikation bedeutet eine Erhöhung der Qualität der Zusammenarbeit im Projekt. Stellen Sie bei Bedarf Regeln auf.
- Atmosphäre im Projekt gestalten
  Gute Umgangsformen, konsequente Haltungen und eine offene transparente Kommunikation ermöglichen eine angenehme, arbeitsfördernde Atmosphäre.
- Direkt mit den Menschen reden
  Suchen Sie eher das persönliche Gespräch statt zum Beispiel eine Statusprüfung per E-Mail oder anonymisierte Statusberichte durchzuführen. Nutzen Sie Werkzeuge wie E-Mail bewusst. Verhindern Sie „Mail Ping Pong"; in der Regel verbrauchen solche Mails viel Zeit und tragen nicht wirklich zu einer Lösungsfindung bei. Greifen Sie eher zum Telefon oder gehen Sie zum Arbeitsplatz der Person. Wenn Sie etwas besprechen, empfiehlt sich eine Zusammenfassung in einer E-Mail, welche die wichtigsten Vereinbarungen des Gesprächs wiedergibt.
- Regelmäßige Besprechungen durchführen
  Nutzen Sie diese Besprechungen, damit Projektmitglieder sich zum Projekt äußern können. Wichtige Themen sind etwa der aktuelle Status und Risiken im Projekt. Versenden Sie vorab eine Agenda mit Zeitvorgaben, an welche Sie sich während der Besprechung halten. Geben Sie erst am Ende des Termins die Möglichkeit, weitere Punkte anzusprechen.
- Klar kommunizieren
  Fallen Aufgaben an, sollen diese direkt verteilt werden. Wer macht was bis wann? Wählen Sie ein Projektmitglied aus, das für eine konkrete Aufgabe geeignet erscheint, und sprechen Sie es direkt an.
  „Irgendjemand müsste ..." lässt Aufgaben offen, zeigt Entscheidungsprobleme auf, verschleppt die Problemlösung und wirkt so demotivierend.

Erfolgreiche Projekte zeichnen sich durch viele Gelegenheiten zur Information und Kommunikation der Projektbeteiligten aus. Sinnvoll ist bisweilen, nicht immer die Hierarchie zu nutzen, sondern auch direkte Kontakte über Querverbindungen.

Führen Sie Leute zusammen, geben Sie Informationen zielgerichtet weiter. Bringen Sie die Projektmitglieder gegenseitig ins Gespräch. Schaffen Sie Gelegenheiten zum Kommunizieren wie etwa eine Naschecke oder einen Kaffeeautomaten. Wissen vermehrt sich, wenn man es teilt!

Auf der einen Seite soll sichergestellt sein, dass der Projektleiter gezielt informiert (siehe Unterabschnitt 2.3.6), auf der anderen Seite sollte zusätzlich gewährleistet werden, dass vielfältige Kommunikation innerhalb des Projektteams möglich ist.

Aus den obigen Ausführungen ergibt sich auch die Sinnhaftigkeit, dass ein Projektteam an einem Ort zusammenarbeitet. So soll es keine räumliche Trennung des Teams geben. Befinden sich Projektmitglieder an unterschiedlichen Standorten, kann ggf. eine temporäre Lösung mit regelmäßigen Zusammenkünften helfen.

Beispiel: Das Projektteam kommt alle zwei Wochen für eine Woche an einem Standort zusammen.

2.3.5 Glossar

Ein unterschiedliches Verständnis von Begriffen kann in Projekten zu Konflikten führen. Für Organisationen und Domänen gibt es jeweils spezifische Glossare, welche die Kommunikation und Zusammenarbeit erleichtern sollen, wie etwa in der Software-Entwicklung [16] oder im Software-Testing [7].

Auch für Projekte empfiehlt sich die Einführung eines Glossars, das alle projektrelevanten Begriffe definiert. Zu beachten ist, dass im Projekt nur ein Glossar gültig ist, es regelmäßig gepflegt wird und für alle Projektmitglieder zugänglich ist (siehe auch [12]).

Ein Glossar hilft auch neuen Projektmitgliedern und im Umgang mit Anforderungen (Abschn. 2.1).

2.3.6 Kommunikationsplan

Synonyme: *Kommunikationsmodell, Informationsmanagement.*

Die Kommunikation des Projekts nach innen (interne Kommunikation) und nach außen (externe Kommunikation) sollte geplant und geregelt sein, dazu dient der Kommunikationsplan. In diesem wird hinterlegt, wer zu welchem Zeitpunkt welche Informationen erhält und wie die Projektbeteiligten an die Informationen kommen. Darüber hinaus zeigt der Kommunikationsplan den Eskalationsprozess auf, der bei Konflikten im Projekt greift.

Beispiel: Kommunikation von Beschlüssen des Steuerkreises mit Veröffentlichung des Protokolls an einem speziellen Ort, am besten mit der Möglichkeit dort suchen zu können.

Der Kommunikationsplan soll bereits frühzeitig im Projekt erstellt werden und die Kommunikation mit sämtlichen Stakeholdern umfassen. Abbildung 2.5 zeigt einen Kommunikationsplan mit Hinweisen. Die entsprechende Vorlage finden Sie im Abschn. 5 auf S. 141.

Der Kommunikationsplan basiert normalerweise auf der Projektorganisation (siehe Unterabschnitt 3.2.6). Transparenz im Projekt ist ein Erfolgsfaktor, wenn für jeden Projektbeteiligten die relevanten Informationen zur Verfügung stehen, indem er schnell und einfach auf sie zugreifen kann. Idealerweise sind diese Zugänge im Projekthandbuch hinterlegt.

Kommunikationsplan

Projektname	<Name des Projekts>	Projekt-Nr.	<Nummer des Projekts>
Projektleiter	<Name des Projektleiters>		
Version / Datum	<0.0.1 / Tag.Monat.Jahr>		
Autor	<Name des Autors>		

Art der Kommunikation	Inhalt	Kommunikations-partner	Frequenz	Dokumentation
Projektauftraggeber-Sitzung	<Beispiel: * Projektstrategie * Entscheidungen * Projektstatus >	<Beispiel: Auftraggeber, Projektleiter >	<Beispiel: Monatlich >	<Beispiel: Protokoll, Projektstatus-bericht >
Projektsitzung				
Teilprojektsitzung				
Einzelgespräche				
Fachthema1-Sitzung				
Projektinformationen				

Abb. 2.5 Vorlage Kommunikationsplan mit Hinweisen

Folgende Überlegungen zum Kommunikationsplan:

- Projektauftraggeber-Sitzungen
  Vereinbaren Sie regelmäßige Gespräche mit dem Kunden bzw. Auftraggeber.
- Steuerkreis-Sitzungen
  Vereinbaren Sie regelmäßige Treffen und Reviews mit dem Steuerkreis.
- Projektsitzungen
  Berücksichtigen Sie in Ihrem Kommunikationsplan eine Regelkommunikation mit Ihrem Projektteam. Bei größeren Projekten kann dies das Projekt-Kernteam sein.

- Bidirektionale Kommunikation
  Versuchen Sie, mit jedem Projektmitglied in regelmäßigen Abständen ein persönliches Gespräch zu führen.
- Weitere Sitzungen
  Abhängig von der Art des Projekts kann es etwa themenspezifische fachliche Sitzungen geben.
- Externe Kommunikation
  Abhängig vom Projekt bedeutet „extern" etwas Unterschiedliches. Das kann in einem Großunternehmen die Organisation sein, in einem öffentlichen Projekt die Bevölkerung. Möglichkeiten für eine Kommunikationsstrategie sind:
  - Regelmäßige Kommunikation mit Sponsoren.
  - Projektforum: Themen des Projekts werden einmal im Monat interessierten Kollegen im Unternehmen vorgestellt.

Darüber hinaus ist die informelle Kommunikation nicht zu unterschätzen. Projektentscheidende Kommunikation erfolgt nicht unbedingt in den dafür vorgesehenen Sitzungen.

2.3.7 Projektsitzungen

Projektsitzungen bieten Chancen, aber auch Risiken. Chancen, um die Teilnehmer zu informieren, gute Ideen zu sammeln und produktiv zu arbeiten, das Projekt voranzubringen. Risiken, dass aufgrund einer ineffizienten Sitzung wertvolle Zeit verloren geht und keine klaren Ergebnisse vorliegen bzw. eingefordert werden.

Achten Sie darauf, dass Sie Besprechungen mit einem großen Personenkreis moderieren lassen. Dies ist umso sinnvoller, je komplexer die Thematik und je unterschiedlicher die Interessen der Teilnehmer sind.

Es empfiehlt sich, Regeln für Projektsitzungen zu definieren. Beachten Sie darüber hinaus folgende Punkte:

- Festlegen des richtigen Personenkreises
- Aufsetzen einer Agenda mit Tagesordnungspunkten und vorgegebenen Zeiten.
  Unterscheiden Sie jeweils
  - Information
  - Diskussion
  - Entscheidungen/Entscheidungsvorlagen (angeforderte Beschlüsse)
  Stimmen Sie die Agendapunkte mit den Betroffenen im Voraus ab. Beachten Sie in internationalen Meetings die Zeitverschiebung.
- Rechtzeitiges Versenden der Einladung mit Agenda
  Abhängig vom Thema und Personenkreis kann ‚rechtzeitig' mehrere Wochen oder wenige Tage sein. Je wichtiger das Thema und je umfangreicher die Vorarbeiten der Teilnehmer, desto früher sollte die Einladung verschickt werden. Es ist auch möglich, zunächst eine Platzhalter-Einladung zu versenden und später Details nachzuliefern.

- Rollen definieren
  Es empfiehlt sich vor allem bei größeren Sitzungen einen Moderator und einen Proto-kollanten zu bestimmen.
- Zeiten einhalten
  Während des Meetings sind die vorgegebenen Zeiten einzuhalten. Der Moderator ist dafür verantwortlich. In Ausnahmefällen können Punkte verschoben oder zu Lasten anderer Punkte verlängert werden. Dies sollte aber bewusst entschieden werden und nicht „zufällig" passieren.
- Beschlüsse und Aufgaben dokumentieren
  Beachten Sie: Ohne Protokoll hat ein Treffen nicht stattgefunden! Wenn möglich, protokollieren Sie oder ein Protokollant während der Besprechung und nutzen Sie die Zeit am Ende der Besprechung, um das Protokoll gemeinsam durchzugehen. Das erspart oder reduziert zumindest nachträglichen Aufwand für Korrekturen, etwa wegen Missverständnissen oder vergessenen Punkten.

Für die Protokollierung von Projektsitzungen hat sich die Aufgabenliste bewährt. Als Ergebnisse von Projektbesprechungen werden neben Informationen, etwa in Form vor-gestellter Ergebnisse und gefasster Beschlüsse, in der Regel unterschiedliche Aufgaben vergeben. Halten Sie diese in einer Aufgabenliste fest, jeweils mit Verantwortlichem und Zieldatum, bis wann die Aufgabe erledigt sein soll. Mit der Aufgabenliste ergibt sich dann ein Überblick über die im Projekt zu erledigenden Aufgaben. Erfolgt eine regelmäßige Aktualisierung, enthält die Aufgabenliste jeweils die zum aktuellen Zeitpunkt offenen Punkte im Projekt. Eine Vorlage für eine Aufgabenliste ist in Abschn. 5 auf S. 130 verfügbar.

Abbildung 2.6 zeigt ein Protokoll mit Hinweisen. Die entsprechende Protokoll-Vorlage finden Sie im Abschn. 5 auf S. 142.

Hinweis: Werden in einer Sitzung komplexe Themen, Lösungsalternativen etc. be-sprochen, empfiehlt es sich, die entsprechenden Unterlagen als separate Dokumente im Anhang mitzuführen.

2.3.8 Kommunikationsmittel

Nutzen Sie für Ihre Kommunikation neben der natürlichen Kommunikation mit der Sprache sowie der technischen Kommunikation mit Dokumenten und elektronischen Medien auch ungewöhnliche Kommunikationsmittel, um Ihr Projekt bekannt zu machen. Nutzen Sie Marketing-Maßnahmen, um mit Ihrem Projekt zu überzeugen – es kann nicht genug Befürworter geben! Ihrer Fantasie sind hierbei keine Grenzen gesetzt. Beispiele:

Protokoll

Projektname	<Name des Projekts>		Projekt-Nr.	<Nummer des Projekts>
Ort	<Ort der Besprechung>			
Thema	<Thema der Besprechung>		Datum	<Tag.Monat.Jahr>
Protokollant	<Name des Protokollanten>		Version	<V0.0.1>
Teilnehmer	<NN 1, NN 2, ... , NN 7>			
Verteiler	<Personen, die das Protokoll zur Kenntnis erhalten NN 8, NN 9, ... , NN 14>			

Nr.	(A)ufgabe (B)eschluss (I)nformation	Beschreibung	Verantwortlich	Bis wann?
<1>	<A>	<Aufgabenbeschreibung>	<NN 1 >	<Tag.Monat. Jahr>

Abb. 2.6   Vorlage Protokoll mit Hinweisen

- Konferenzen,[4] fachliche Tagungen, Unterstützung von Fachgruppen
- Flyer
- Poster
- Werbemittel wie Tassen, Stifte, Flaschenöffner, Blöcke, T-Shirts
- Theateraufführungen

2.4   Dokumentation

„Denn was man schwarz auf weiß besitzt, kann man getrost nach Hause tragen."
Johann Wolfgang von Goethe (1749–1832)

Dieser Abschnitt behandelt die Dokumentation des Projektverlaufs. Nicht betrachtet wird die Dokumentation des Projektergebnisses, zum Beispiel in Form eines Handbuchs für eine entwickelte Software.

2.4.1   Ziele der Dokumentation

Ziele der Dokumentation sind:

- Darstellen der Projektergebnisse
  ... und zwar sowohl für den Auftraggeber als auch für das Projektteam.
- Darstellen des aktuellen Status im Projekt
  ... mit fortlaufender Dokumentation des Stands aller Arbeitspakete und Aufgaben.
- Nachvollziehbarkeit und Messbarkeit
  Was wurde wann beschlossen, abgenommen, diskutiert? Wie viel Budget wurde für welche Aufgaben verbraucht? Was wurde wann mit welchem Aufwand erreicht?
- Erhöhung der Qualität
  Wenn Sachverhalte dokumentiert werden, setzt man sich mit dem Thema intensiv auseinander und verbessert dadurch automatisch die Qualität.

Nicht-Ziele der Dokumentation sind:

- Dokumentation als Selbstzweck
  Nicht um des Dokumentieren willens dokumentieren – dafür ist Dokumentation zu teuer. Wichtig: Soviel Dokumentation wie nötig! Wer braucht tatsächlich welche Dokumente? Aufwand und Nutzen müssen in einem vernünftigen Verhältnis stehen.
- Formale Erfüllung von Dokumentationskriterien
  Man soll sich nicht damit zufrieden geben, dass bestimmte Dokumente vorhanden sind.

---

[4]Beachten Sie, dass vertrauliche Inhalte nicht publiziert werden dürfen. Oft sind vorab entsprechende Genehmigungen einzuholen.

Zu beachten ist, dass Dokumentation „nur" ein Hilfsmittel ist, man darf sich nicht auf das Vorhandensein von Dokumenten an sich als Erfolgskriterium beschränken. Wichtig sind die jeweiligen Inhalte der Dokumente. Es ist falsch anzunehmen, dass Qualität vorhanden ist, weil alle Dokumente erstellt wurden.

Projektdokumentation

Nach DIN 69901 umfasst die Projektdokumentation die „Zusammenstellung ausgewählter, wesentlicher Daten über Konfiguration, Organisation, Mitteleinsatz, Lösungswege, Ablauf und erreichte Ziele des Projekts."

Zur Projektdokumentation gehören u. a.

- Ausgangssituation und Problembeschreibung
- Darstellung des Projektverlaufs (z. B. Projektberichte)
- Beschreibung des angewendeten Lösungsansatzes
- Projektkosten
- Realisierte Vorteile
- Projektabschlussbericht

Die Projektdokumentation wird oft im (digitalen) Projekthandbuch hinterlegt.

2.4.2 Gründe

Warum ist die Projektdokumentation wichtig?

- Dokumentierte Beschlüsse verhindern wiederholtes Diskutieren und geben so Sicherheit im Projekt.
- Zeitnahe Dokumentation erspart viel Ärger. Dadurch lassen sich Diskussionen und Widersprüche vermeiden, ob Aufgaben gestellt oder abgenommen wurden, wer wofür verantwortlich ist, welche Randbedingungen gelten usw.
- Dokumentation ist bei manchen Projekten nötig, um der gesetzlichen Haftung und/oder Gewährleistungspflichten zu genügen. So sind etwa im Umfeld des Steuerrechts Aufbewahrungspflichten in der Abgabenordnung (AO) aufgeführt, im Umfeld des Handelsrechts enthält das Handelsgesetzbuch (HGB) entsprechende Vorschriften.
- Qualitätsmanagement-Normen wie ISO 9000ff erfordern Dokumentation.

Die Projektdokumentation ist für folgende Themen Grundlage:

- Planungsoptimierung
  - Planungsoptimierung für aktuelles Projekt
    Fundierte Istwerte dienen der Plananpassung, zudem erleichtern sie bei Bedarf zusätzliche Schätzungen für neue Umfänge.
  - Planungsoptimierung für Folgeprojekte im Unternehmen
    Damit erhöht sich die Erfahrungsbasis in der Organisation. Istwerte sind optimale Planungsgrundlagen für zukünftige Projekte.
- Lernende Organisation
  Dokumentation kann die Idee der lernenden Organisation unterstützen:
  - Nur wenn wir unsere Stärken kennen, können wir diese weiter ausbauen.
  - Nur wenn wir unsere Schwächen erkennen, können wir an ihnen arbeiten.
  Beachten Sie aber: Die Dokumentation eines Lessons-Learned-Workshops bedeutet nicht automatisch, dass die dort definierten Maßnahmen auch tatsächlich so umgesetzt und gelebt werden.
- Offenheit
  Eine allgemein zugängliche Dokumentation ergibt für alle Projektbeteiligten Transparenz und erleichtert die Nachvollziehbarkeit, etwa von Entscheidungen im Projekt. Es führt zu
  - besserer Kommunikation im Team,
  - besserem Klima im Projekt (gegen Grüppchenbildung) sowie
  - besserer Darstellung nach außen.
  Hinweis: Es gibt ggf. gewollte Einschränkungen beim Zugriff auf spezielle Dokumente. So sollen etwa finanzielle Aspekte nicht jedem Projektmitglied bekannt sein. Generell sollen eingeschränkte Zugriffe die Weitergabe von Informationen an Dritte verhindern. Dies gilt zum Beispiel für militärische Projekte, sicherheitsrelevante Projekte oder hochinnovative Forschungsprojekte.

2.4.3 Anforderungen

Anforderungen an die Dokumentation sind:

- Jeder im Projekt soll sich zurechtfinden.
- Es sollen Standards angeboten bzw. gesetzt werden, etwa in Form von Vorlagen.
- Aufgaben, Ideen, Beschlüsse, Protokolle von Arbeitstreffen/der Regelkommunikation sollen an einem Ort zu finden sein.
- Eine verantwortliche Person soll sich um die Dokumentation oder besser um die Qualität der Dokumentation kümmern.

- Zu beachten sind unternehmensweite Vorgaben, wie zum Beispiel eine Corporate Identity, Style-Guides oder die Verwendung unternehmensspezifischer Schriftarten und Vorlagen.

Die Projektdokumentation sollte zentral zugänglich sein. In einer IT-Infrastruktur kann dies zum Beispiel sein:

- Gemeinsames Projektlaufwerk
- Gemeinsamer Internet- oder Intranetauftritt
- Content-Management-System
- Dokumentenverwaltungs-System

2.4.4 Umfang

Der Umfang der Dokumentation ist von der Größe des Projekts abhängig. Gibt es zum Beispiel im Projekt einen Projektstrukturplan mit Arbeitspaketen, so ist die Dokumentation der Arbeitspakete Grundlage für die Dokumentation im Projekt. Sie umfasst Protokolle, Statusberichte und die Abschlussdokumentation.

Spätestens zum Projektabschluss werden alle projektrelevanten Dokumente benötigt. Es empfiehlt sich, ausgehend von den Erwartungen an den Projektabschlussbericht die Dokumente zu identifizieren, die im Laufe des Projekts erzeugt werden müssen. Mit Hilfe einer Checkliste kann dann dafür gesorgt werden, dass diese frühzeitig während des Projekts entstehen, ein Beispiel zeigt Abb. 2.7. Dieses Beispiel könnte noch mit Spalten erweitert werden, in denen Verantwortlichkeiten und Zieldatum hinterlegt sind.

Im Folgenden werden beispielhaft Projektdokumente vorgestellt.

2.4.5 Projektsteckbrief

Ein Projektsteckbrief ist typischerweise eine kurze Zusammenfassung eines Projekts, dargestellt auf einer DIN A4-Seite. Er soll die wichtigsten Zahlen, Daten und Fakten des Projekts enthalten und dient als Einstieg in das Projekt, beispielsweise als Informationsgrundlage des Projekt-Kickoffs.

Darüber hinaus ist er verwendbar als Präsentation oder zur Darstellung des Projektfortschritts mit den wichtigsten Projektinformationen. Abbildung 2.8 zeigt einen Projektsteckbrief mit Hinweisen. Die entsprechende Vorlage finden Sie im Abschn. 5 auf S. 129.

Nr.	Dokument	Projektbereich	Ablageort	Ersteller / Lieferant	Dokumenten-status
1	Projktauftrag	Projektmanagement	Server1/Projekt/Projektauftrag	Auftraggeber	
2	Projektsteckbrief	Projektmanagement	Server1/Projekt/Projektsteckbrief	Projektleiter	
3	Projekthandbuch	Projektmanagement	Server1/Projekt/Projekthandbuch	Projektleiter	
4	Lastenheft	Projektmanagement	Server1/Projekt/Spezifikation	Projektleiter	
5	Pflichtenheft	Projektmanagement	Server1/Projekt/Spezifikation	Lieferant	
6	Projektplan	Projektmanagement	Server1/Projekt/Plan	Projektleiter	
7	AP-Statusberichte	Arbeitspaket	Server1/Projekt/AP/Status	AP-Leiter	
8	Projekt-Statusberichte	Projektmanagement	Server1/Projekt/Status	Projektleiter	
9	AP-Sitzungsprotokolle	Arbeitspaket	Server1/Projekt/AP/Protokolle	AP-Leiter	
10	Sitzungsprotokolle	Projektoffice	Server1/Projekt/Protokolle	Projektoffice	
11	Beschlüsse	Projektoffice	Server1/Projekt/Protokolle	Projektoffice	
12	Abnahmeprotokoll	Projektmanagement	Server1/Projekt/Abnahme	Auftraggeber	
13	Abschlussbericht	Projektmanagement	Server1/Projekt/Abschluss	Projektleiter	

Abb. 2.7 Beispiel für eine Projektdokument-Übersicht

2.4.6 Projekthandbuch

Ein Projekthandbuch ist bei umfangreichen Projekten sinnvoll, es enthält grundlegende Projektinformationen wie die Ansprechpartner und die Projektorganisation. Darüber hinaus beschreibt es die Abläufe und organisatorischen Projektdetails und enthält die Ergebnisse der Projektplanungsphase.

In der Regel ist die Erstellung und Pflege eines Projekthandbuchs in der Verantwortung des Projektbüros. Es erfolgt eine regelmäßige Abstimmung mit dem Projektleiter über Inhalt, Umfang und Aktualität, etwa zu Meilensteinen.

Heutzutage wird ein Projekthandbuch gewöhnlich als digitale Projektakte hinterlegt, entweder als Gesamtdokument oder strukturiert in einem Verzeichnis, einer Datenbank oder einem Dokumentenverwaltungssystem.

Folgende Themen kann ein Projekthandbuch abdecken:

1. Einleitung, Ausgangslage, Strategie
2. Kurzbeschreibung des Projekts, Management Summary
3. Ansprechpartner, Projektorganisation und Projektumfeld
4. Aufgabenbeschreibungen und Verantwortlichkeiten der Projektteammitglieder
5. Zeitplan, insbesondere Meilensteine
6. Methoden und Tools zur Planung und Steuerung des Projekts
7. Übersicht über die Projektdokumentation und Projektablage

Projektsteckbrief

Projektname	<Name des Projekts>	Projekt-Nr.	<Nummer des Projekts>
Auftraggeber	<Name des Auftraggebers>		
Steuerkreis	<NN 1, NN 2, ... , NN 7>		
Projektleiter	<Name des Projektleiters>		
Projektteam	<NN 1, NN 2, ... , NN 7>		
Beteiligte	<Führen Sie hier alle Beteiligten auf, die direkt oder indirekt mit dem Projekt zusammenarbeiten und regelmäßig eingebunden werden>		
Zu informieren	<Führen Sie hier alle Betroffenen auf, die mit dem Projekt irgendwie zu tun haben und zum Beispiel regelmäßig informiert werden>		
Leistungspartner	<Führen Sie hier externe Firmen auf, die beauftragt werden und zum Beispiel Ihrem Projekt zuarbeiten>		
Projektstart	<Tag.Monat.Jahr>	Projektende	<Tag.Monat.Jahr>
Projektziele	<Ziele des Projekts>		
Projektumfang	<Was ist alles im Projekt zu leisten?>		
Meilensteine	<Was sind die wichtigsten Meilensteine im Projekt?>		
Auftragswert	<Wie hoch ist das Auftragsvolumen?>		
Zahlungsbedingungen	<Wann werden welche Zahlungen geleistet?>		

Ort, Datum   Auftraggeber   Projektleiter

Abb. 2.8 Vorlage Projektsteckbrief mit Hinweisen

8. Berichtswesen mit Festlegung, wann wem wie detailliert zu berichten ist sowie wann und in welchem Umfang Statusbesprechungen und Reviews durchgeführt werden

9. Festlegung der Kommunikationsregeln und wo welche Informationen bereit gestellt werden

10. Beschreibung der Kundenverantwortlichkeiten und Beistellungen

11. Interne Verfahren und Richtlinien (Qualitätssicherung, Prozesse, Eskalation, Kontierung usw.)

12. Eingesetzte Werkzeuge

13. Anhänge: Kontaktadressen, Pläne, Änderungsanforderungen etc.

Im Laufe der Realisierungsphase ist das Projekthandbuch laufend zu aktualisieren, es soll stets den gegenwärtigen Stand des Projekts widerspiegeln.

2.5   Qualität

„Wer einen Fehler gemacht hat und ihn nicht korrigiert, begeht einen zweiten."
Konfuzius (vermutlich 551 – 479 v. Chr.)

Dieser Abschnitt beschäftigt sich mit dem Thema Qualität in Projekten. Am Ende des Abschnitts kennen Sie Hintergründe und Möglichkeiten, die Qualität in Ihren Projekten zu erhöhen.

2.5.1   Ziele bezüglich der Qualität

Ziel ist die Sicherstellung der Qualität im Projekt(management) selbst.

Qualität im Projektmanagement

Die ursprüngliche semantische Bedeutung von Qualität lautet: Absolute Ausprägung der Einheit (lateinisch: qualis = wie beschaffen). Im Sinne des Qualitätsmanagements ist Qualität demnach das Ergebnis eines Vergleichs zwischen Qualitätsanforderungen und tatsächlicher Beschaffenheit einer Einheit unter dem Aspekt einer Anspruchsklasse.

Schwerpunkt ist die Qualität der fachlichen Projektinhalte. Das Qualitätsmanagement (QM) stellt sicher, dass die Arbeitsergebnisse den Projektzielen entsprechen. Wesentliche Aufgaben sind:

• Prüfen und sicherstellen, dass ein Projekt die entsprechenden Spezifikationen erfüllt

(Fortsetzung)

- Anwenden definierter Methoden sowie Prüfen und Sicherstellen von Standards im Projekt
- Testen der Arbeitsergebnisse

Der PMBOK-Guide 2010 [13] zählt zum Projekt-Qualitätsmanagement (englisch: *Project Quality Management*) die drei Prozesse:

- Qualitätsplanung (englisch *Quality Planning*)
- Qualitätssicherung (englisch *Quality Assurance*)
- Qualitätskontrolle (englisch *Quality Control*)

2.5.2 Vorgehen

Wie kann man Qualität sicherstellen?

- Definieren einer Rolle Qualitätsmanagement
  Diese Rolle definiert basierend auf den Qualitätsanforderungen Qualitätsprozesse, kommuniziert diese, prüft deren Einhaltung und leitet bei Bedarf Maßnahmen ein. Sie ist für die Erstellung und Pflege des Qualitäts-Leitfadens verantwortlich.
- Entwicklung einer lernenden Organisation
  Eine lernende Organisation hat zum Ziel, sich ständig weiterzuentwickeln, um damit auch höhere Qualität zu erreichen.
  - Qualität von innen heraus
    Qualitätsanforderungen werden dann erfüllt, wenn sie aus dem Projektteam und insbesondere vom Projektleiter kommen. Je wichtiger die Qualität im Firmenleitbild vorgesehen ist, desto eher wird der Qualitätsanspruch auch im Projekt gelebt werden.
  - Qualität erzeugen, nicht kontrollieren
  - Qualität verstehen im Sinne von „Inhaltlich Wichtiges beachten", nicht im Sinne „Formales erfüllen"
  - Bezüglich eines Qualitäts-Leitfaden unbedingt das Verhältnis des Aufwands zum Nutzen betrachten
- Umgang mit Problemen
  Das Gemba-Prinzip (japanisch für „Ort des Geschehens") empfiehlt, Probleme direkt dort anzugehen, wo sie auftreten. Annahme ist, dass Probleme am besten direkt vor Ort verstanden und entsprechende Lösungsvorschläge entwickelt werden können.
- Kontinuierliche Verbesserung
  Idee ist die Einführung und Unterstützung eines kontinuierlichen Verbesserungsprozesses (KVP). Bewährt hat sich der PDCA-Zyklus nach Deming [4]:
  - Plan (Planen) – Entwickeln von Maßnahmen zur Qualitätsverbesserung
  - Do (Tun) – Umsetzen der geplanten Maßnahmen

– Check (Prüfen) – Prüfen und Bewerten der Maßnahmen

– Act (Agieren) – Einleiten von Korrekturmaßnahmen nach Bedarf

Dies kann in Projekten etwa erreicht werden mit täglichen Statusmeetings (siehe Unterabschnitt 3.3.5), regelmäßigen Retrospektiven (siehe Unterabschnitt 2.2.5) oder Lessons Learned (siehe Unterabschnitt 3.4.3).

• Konsolidierung mit Projektpartnern

Das Einbinden von Projektpartnern mit der Vorstellung von Arbeitsergebnissen, Bitten um Rückmeldung zu erstellten Dokumenten etc. erhöht die Qualität.

• Reviews

Reviews haben sich als effiziente Qualitätsmaßnahme bewährt. Diese sollten regelmäßig erfolgen, insbesondere bei Phasenübergängen. Empfänger der Arbeitsergebnisse sind bei den Reviews am besten mit einzubinden. Es gibt unterschiedliche Varianten wie informelles Review, technisches Review, Walkthrough und Inspektion [7]. Es empfiehlt sich Reviews unter dem Anspruch Sachverhalte, Anweisungen und Lösungsvorschläge möglichst einfach und verständlich zu gestalten nach dem KISS-Prinzip: **Keep it short and simple.**

• Einsatz von Checklisten

Checklisten sind eines der einfachsten und erfolgreichsten Mittel zur Qualitätssteigerung. Notwendig ist aber, dass es sich um „gute" Checklisten handelt. Kriterien hierfür sind, dass sie sich schon bewährt haben, laufend aktualisiert werden, gut formuliert sind und ein angemessenes Niveau haben.

• Qualitäts-Leitfaden, Synonym *Projektqualitätsplan*

Ein im Projekt entwickelter Qualitäts-Leitfaden definiert Qualitätssicherungsmaßnahmen im Projekt und greift Best Practice [1] sowie alle vereinbarten bewährten Vorgehensweisen im Projekt auf. Auf diesen können dann alle Projektbeteiligten zurückgreifen und praxisnahe Qualitätsverfahren im Projekt einsetzen. Inhalte könnten sein:

– Qualitätsprozesse

Welche Maßnahmen zur Qualitätssicherung gelten? Hier sollte auf allgemeine oder organisationsspezifische Qualitätsrichtlinien zurückgegriffen werden. Entstehen innerhalb des Projekts Produkte, sollte ein Testprozess definiert werden.

Im Software-Umfeld empfiehlt sich der in Abb. 2.9 dargestellte fundamentale Testprozess nach dem ISTQB [7].

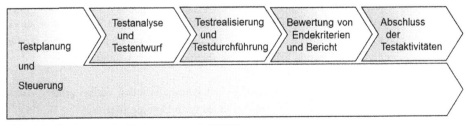

Abb. 2.9 Fundamentaler Testprozess nach ISTQB

- Ein- und Ausgangskriterien für Projektphasen
  Zu den Meilensteinen sollten Messkriterien definiert werden. Diese werden dann zu den Meilensteinterminen geprüft und es wird dokumentiert, inwieweit sie erfüllt sind.
- Nutzen und Erweitern eines Projekt-Glossars
- Verwenden einheitlicher Formate
- Transparenz
  Regelmäßig sollte über den Projektstand berichtet werden, möglichst basierend auf definierten Messkriterien und Kennzahlen. Mit Analyse dieser Berichte kann frühzeitig festgestellt werden, ob Projektziele gefährdet sind. Im Softwaretest-Umfeld sind dies zum Beispiel die Testabdeckung, wie viele Testfälle durchgeführt wurden mit welchem Ergebnis, und die Fehlersituation, wie viele offene und geschlossene Fehler es gibt.
- Beachten unternehmensspezifischer Vorgaben und Regelungen
  Wichtig ist vor allem, diese frühzeitig zu kennen. Falls sie nicht relevant sind, ist dies so zu dokumentieren.
- Audits
  Ein Blick von außen kann wertvolle Hilfe geben. Ein Audit umfasst:
  - Analyse und Bewertung des Projekts und Projektverlaufs
  - Diskussion der Probleme
  - Entwicklung und Umsetzung von Lösungsvorschlägen
- Professionelles Projektmanagement mit Coaching
- Qualifizierung
  Hierunter fällt die Projektleiter- und Organisationsausbildung, jeweils mit Zertifizierung, siehe auch Abschn. 4.1.

2.5.3 Checkliste

Abbildung 2.10 zeigt eine Checkliste für die Qualität im Projekt.

2.6 Risikomanagement

Risikomanagement steht für das systematische Vorgehen beim Erfassen und Bewerten von Risiken sowie den professionellen Umgang mit gefundenen Risiken.

2.6.1 Ziele des Risikomanagements

Wichtigstes Ziel des Risikomanagements ist es, eine Krise im Projekt zu verhindern. Von der ursprünglichen Wortbedeutung her ist eine Krise eine Entscheidungssituation. Im Sinne von „Zuspitzung" sind nicht geplante Krisen zu betrachten, wenn etwa ein Risiko

Checkliste Qualität

Frage	Ergebnis
1. Ist die Rolle Qualitätsmanagement im Projekt definiert und zugeordnet?	
2. Gibt es einen Qualitäts-Leitfaden, welcher Projektstandards und –prozesse definiert?	
3. Gibt es Bezug zu unternehmensweiten oder allgemeinen Qualitätsrichtlinien (zum Beispiel ISO 9000)? Gibt es projektspezifische Unterschiede, Ausnahmen oder Ergänzungen?	
4. Liegen die Standards und Prozesse vor, bevor die entsprechenden Arbeiten begonnen werden?	
5. Sind alle Teammitglieder mit den Standards, Prozessen und entsprechenden Tools im Projekt vertraut? Gibt es Trainingsmaßnahmen?	
6. Ist jedes Teammitglied angehalten, die Standards und Prozesse zu befolgen?	
7. Ist das Team in die Weiterentwicklung und Anpassung der Standards und Prozesse einbezogen?	
8. Wie wird die Einhaltung von Standards und Prozessen überwacht?	
9. Ist ein Testprozess definiert? Gibt es Testpläne?	
10. Wie ist sichergestellt, dass die ausgelieferten Arbeitsergebnisse den Anforderungen der Anwender genügen?	
11. Wie ist der Umgang mit Qualitätsproblemen sowie mit Maßnahmen daraus?	
12. Wie sind Messkriterien definiert, um den Grad der erreichten Qualität zu messen und eine Grundlage für eine kontinuierliche Verbesserung zu haben?	
13. Werden Projektdaten (Kennzahlen) analysiert, um frühzeitig feststellen zu können, dass (Teil-) Ziele nicht erreicht werden können?	
14. Gibt es Qualitätsverbesserungs-Treffen zwischen dem Qualitätsmanagement und dem Projektteam?	
15. Wie wird festgestellt, ob Qualitätsverbesserungs-Maßnahmen greifen?	
16. Wie ist die Qualität entstehender Produkte sichergestellt?	
a. Gibt es Richtlinien für das Beurteilen der Produktqualität?	
b. Gibt es für geforderte Qualitätsmerkmale eine Festlegung?	
c. Welche Maßnahmen sichern die Qualität des Produkts?	
d. Wie wird die Qualität von Fremdproduktanteilen eingeplant?	
e. Ist ein Prototyping in der Produkt-Entwicklung vorgesehen?	
f. Werden qualitätssichernde Maßnahmen für die Produkt-Fertigung bereits innerhalb der Entwicklung vorgesehen?	
g. Gibt es einen Reviewplan, wer welche Inhalte wann reviewt?	
h. Sind für das Gesamtprodukt und einzelne Komponenten Tests geplant?	

Abb. 2.10 Checkliste Qualität

eintritt. Anzustreben ist eine Bewältigung solcher Krisen etwa mit Fall-Back-Lösungen oder einem „Plan B" [1]. Hier können mehrere Varianten ausgearbeitet und in einer Entscheidungsvorlage zusammengefasst werden. Wichtig ist Krisen aktiv anzugehen und offensiv zu bearbeiten.

Das Risikomanagement kann mit Projektszenarien auf Grundlage der Umfeldanalyse (siehe Unterabschnitt 3.1.3) beginnen mit Betrachtung des

- Zielszenarios,
- Best Case und
- Worst Case.

Diese Szenarien werden ausführlich untersucht sowie Maßnahmen getroffen, um identifizierten Risiken zu begegnen und ggf. alternative Projektpläne zu erstellen. Weiteres Ziel ist das Beherrschen der Risiken mit Maßnahmen, um

- die Wahrscheinlichkeiten des Eintretens von Risiken zu senken oder
- die Auswirkungen der Risiken zu reduzieren.

Risikomanagement

DIN 69901-5 beschreibt Risikomanagement als die „Ausschaltung, Vermeidung oder Verringerung von Projektrisiken". Risikomanagement ist der Teil des Projektmanagements, der sich mit der Identifizierung, Analyse und Beherrschung von Risiken für die geplante Projektabwicklung beschäftigt [1].

Der Umfang des Risikomanagements umfasst:

- Risiken identifizieren,
- Risiken bewerten und
- Maßnahmen zur Risikobewältigung durchführen.

2.6.2 Vorgehen

Am kritischsten sind die unbekannten Risiken. Daher sollte jedes Projektmitglied bequem und einfach Risiken melden können und auch dazu motiviert werden. Grundsätzlich sollte das Risikomanagement einfach gehalten und verständlich sein. Das Management der Risiken sollte so früh wie möglich beginnen. Wichtig ist eine regelmäßige Betrachtung der Risiken im Projekt, zum Beispiel im Rahmen der Projektbesprechungen. Hier empfiehlt sich am Ende zu fragen: „Welche Risiken müssen wir noch beachten?" Im Folgenden wird ein mögliches Vorgehen im Risikomanagement beschrieben.

Erster Schritt ist die Risikoanalyse.

Jedes erkannte Risiko wird betrachtet und quantifiziert. Die Bewertung eines Risikos berechnet sich aus der Eintrittswahrscheinlichkeit W multipliziert mit dem Schadensausmaß S.

Vorschlag für die Quantifizierung von Risiken:

- Eintrittswahrscheinlichkeit W
  - Niedrig $= 1$
  - Mittel $= 2$
  - Hoch $= 3$
- Schadensausmaß S
  Auswirkung auf das Projekt bei Eintreten
  - Weniger kritisch $= 1$
  - Kritisch $= 2$
  - Sehr kritisch $= 3$
- Risiko $=$ Eintrittswahrscheinlichkeit $W \times$ Schadensausmaß S
  Damit ergeben sich niedrige Risiken (Werte 1 und 2), mittlere Risiken (Werte 3 und 4) sowie hohe Risiken (6 und 9).

Ein Beispiel für das Darstellen des Risikomanagements in Tabellenform zeigt Abb. 2.11. Eine Vorlage zum Erfassen von Risiken in Form einer Risikoliste finden Sie in Abschn. 5 auf S. 140.

Zweiter Schritt ist die Risikominimierung oder besser Risikovermeidung.

Abhängig von der Höhe des jeweiligen Risikos werden Maßnahmen definiert, um für das Risiko entweder die Eintrittswahrscheinlichkeit oder das Schadensausmaß zu senken. Anzustreben ist die Vermeidung identifizierter Risiken.

Dritter Schritt ist das Risikocontrolling.

Im Rahmen der regelmäßigen Betrachtung der Risiken wird geprüft, ob beschlossene Maßnahmen greifen und so der Eintritt bestimmter Risiken aufgrund einer niedrigeren Eintrittswahrscheinlichkeit oder eines niedrigeren Schadensausmaßes sinkt. Zudem erfolgt eine Prüfung, ob neue Risiken hinzugekommen sind und ob bekannte Risiken eingetreten oder obsolet geworden sind.

ID	Risikoinhalt	Potentielle Ursache	Ansprech-partner	Datum	W	S	Risiko	Status	Aktivitäten
	Risikobeschreibung				**Quantifizierung**			**Risikobewältigung**	
R001	Beispiel für erstes Risiko mit niedriger Eintrittswahrscheinlichkeit, aber sehr kritischer Auswirkung bei Eintritt	Ursache 1	Gühl	22.01.16	1	3	3	in Arbeit	2016-03-03 [G] informierte [Ala]
R002	Beispiel für zweites Risiko mit hoher Eintrittswahrscheinlichkeit und kritischer Auswirkung beim Eintritt	Ursache 2	Alam	28.01.16	3	2	6	erledigt	2016-03-04 [Ala] informierte [G]

Abb. 2.11 Beispiel einer Liste für Risikomanagement

2.7 Methoden

Eine Methode ist ein systemneutrales, mehr oder weniger planmäßiges Verfahren zur Erreichung eines Ziels. Dieser Abschnitt stellt Ihnen bewährte Methoden aus dem Projektmanagement-Umfeld zur Verfügung. Einen weiteren Überblick finden Sie zum Beispiel in [5] oder [9].

2.7.1 Brainstorming

Brainstorming gehört zu den Kreativtechniken. Diese Methode soll Blockaden auf der Suche nach neuen Ideen ausschalten und die Gruppenarbeit produktiver machen. Ergebnis dieser Methode ist eine Sammlung von Ideen zu einer gegebenen Fragestellung. Es gelten folgende Regeln:

- Quantität vor Qualität – Je mehr Ideen desto besser!
- Freier Lauf der Phantasie und der Assoziation – auch ungewöhnliche Ideen sind sehr willkommen!
- Das Ergänzen und Verbessern fremder Ideen ist erlaubt.
- Keine Kritik – Kritik und Wertung folgen in einer späteren Phase.

Beim Brainstorming empfiehlt es sich, einen Moderator und einen Protokollanten einzusetzen. Das Vorgehen könnte sich wie folgt gestalten:

1. Vorbereitungsphase (Initiator)
   Diese Phase umfasst folgende Aktivitäten:

   - Problem vorläufig definieren, um eine genaue Fragestellung zu finden
   - Teilnehmer einladen
   - Besprechungsraum reservieren
   - Rollenverteilung

2. Durchführungsphase (Teilnehmer inkl. Initiator, Moderator und Protokollant)

   - Der Moderator erläutert die Grundregeln.
   - Der Moderator stellt die Problemstellung und den aktuellen Diskussionsstand dar.
   - Start des Brainstormings: Alle Teilnehmer äußern spontan Ideen zur Problemlösung. Der Moderator gibt bei Bedarf Impulse.
   - Der Protokollant notiert jede Idee.
   - Der Moderator beendet die Phase, wenn er keine weiteren Ideen stimulieren kann.

Variante: Kartenabfrage

Jeder Teilnehmer notiert seine Ideen auf Papierkarten mit folgenden Regeln:

- Pro Karte eine Idee
- Groß und deutlich schreiben
- Pro Karte maximal drei Zeilen

Der Protokollant sammelt die Karten ein. Alternativ können die Teilnehmer ihre Karten an eine Pinnwand heften.

3. Verarbeitungsphase (Teilnehmer inkl. Initiator, Moderator und Protokollant)

- Der Protokollant strukturiert die notierten Ideen: Er sortiert sie und fasst sie in einer Ergebnisliste zusammen.
- Die Teilnehmer sprechen die Ergebnisliste noch einmal durch und bewerten die Ideen. Folgende Bewertungen sind möglich:
  - Sofort umsetzen
  - Gut, aber nicht sofort umsetzbar
  - Momentaner Nutzen nicht sichtbar
- Die nicht sofort umsetzbaren Ideen werden nochmals diskutiert:
  - Was könnten wir damit trotzdem anfangen?
  - Wie können die Ideen verbessert werden, damit sie Verwendung finden?

4. Abschlussphase (Teilnehmer inkl. Initiator, Moderator und Protokollant)

- Der Moderator übergibt die überarbeitete Ergebnisliste an den Initiator.
- Der Moderator bedankt sich bei den Teilnehmern und dem Protokollanten und beendet das Brainstorming.

Vorteile

Diese Methode erzeugt mit wenig Aufwand in der Vorbereitung und Durchführung schnell eine Vielzahl von Ideen. Es dient der Gruppenbildung. Bei der Kartenabfrage können die Teilnehmer ihre Gedanken ohne Beeinträchtigungen niederschreiben.

Nachteile

Bei komplexen Themen stößt die Methode an ihre Grenzen. Entstehen sehr viele Ideen, gibt es einen hohen Aufwand für die Nachbereitung.

Anwendung

Es handelt sich um die Standardmethode zur Ideenfindung in einer Gruppe. Sie eignet sich für weniger komplexe Probleme und für den Einstieg in ein Thema.

2.7.2 Kopfstandmethode

Die Kopfstandmethode (Synonym: *Brainstorming paradox*) hat Ähnlichkeiten zum Brainstorming, nur wird die Fragestellung genau ins Gegenteil umgekehrt und negative und absurde Ideen werden gesammelt. Diese sollen genau das Gegenteil dessen enthalten, was eigentlich erreicht werden soll. In einem zweiten Schritt werden die Sachverhalte wieder vom „Kopf" auf die „Füße" gestellt und es kommt ein gutes Ergebnis heraus.

Beispiel: Wie bringen wir unser Projekt zum Scheitern? Mögliche Antworten:

- Unklare und nicht messbare Ziele definieren.
- Menschen zusammenarbeiten lassen, die sich nicht vertragen.

Vorteile
Es ist eine erfrischende Alternative zum Brainstorming. Teilnehmer tun sich oft leichter Argumente zu finden, warum etwas nicht funktionieren kann. So werden andersartige und neue Ideen generiert.

Nachteile
Der Wechsel vom destruktiven zu konstruktiven Gedanken kann herausfordernd sein.

Anwendung
Die Methode eignet sich gut für die Identifizierung von Verbesserungspotentialen.

2.7.3 Mind-Mapping

Mind-Mapping ist eine Kreativitätstechnik, um ein Thema visuell aufzubereiten [2]. Eine Mind-Map (Bedeutung etwa: Gedankenlandkarte) strukturiert schnell Gedanken, stellt Informationen übersichtlich dar, visualisiert Texte und spricht verschiedene Lerntypen an. Abbildung 2.12 zeigt eine Mind-Map, wobei die Strichstärke für die Wichtigkeit/Intensität steht.

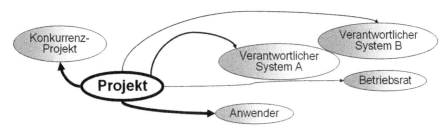

Abb. 2.12 Beispiel für eine Mind-Map

Vorteile

Mit einer Mind-Map kann man schnell und leicht Gedanken und neue Ideen entwickeln. Das zentrale Thema wird leicht erfasst. Die Methode eignet sich sehr gut zum Lernen. Für die Umsetzung ist ein Stück Papier ausreichend.

Nachteile

Nutzt man Papier, ist der vorhandene Platz eingeschränkt. Bei Nutzung einer Mind-Mapping-Software kann sich der Datenaustausch und die Weiterverarbeitung schwierig gestalten.

Anwendung

Der Einsatz von Mind Maps ist für Einzelpersonen und kleine Gruppen sinnvoll, wenn schriftliche Aufzeichnungen benötigt werden, zum Beispiel:

- Aufarbeiten neuer Themen
- Vorbereiten eines Vortrags oder einer schriftlichen Ausarbeitung
- Protokollieren
- Systematische Wiederholung von Lernstoff

2.7.4   Methode 635

Die Methode 635 fasst zusammen, dass

- 6 Personen
- 3 Ideen aufschreiben und
- 5 mal weiterreichen (nach 5 Minuten).

Es handelt sich um eine „Brainwriting"-Technik, die Bernd Rohrbach 1968 erfand [14]. Die Methode hilft, die Kreativität einer Gruppe zu steigern.

Ziel der Methode 635 ist es, in kurzer Zeit eine große Anzahl von Ideen und Lösungsmöglichkeiten für ein gegebenes Problem zu finden.

Vorgehen am Beispiel von sechs Teilnehmern:

- Das Problem wird formuliert.
- 6 Teilnehmer erhalten ein Arbeitsblatt mit 18 Feldern – 3 Spalten und 6 Zeilen (Beispiel in Abb. 2.13).
- In der ersten Runde schreibt jeder Teilnehmer in die erste Zeile je Spalte eine Idee auf, also 3 Ideen.
- Im Uhrzeigersinn wird dieser Arbeitsschritt durch Weitergeben des Formulars an den nächsten Teilnehmer fünfmal wiederholt.

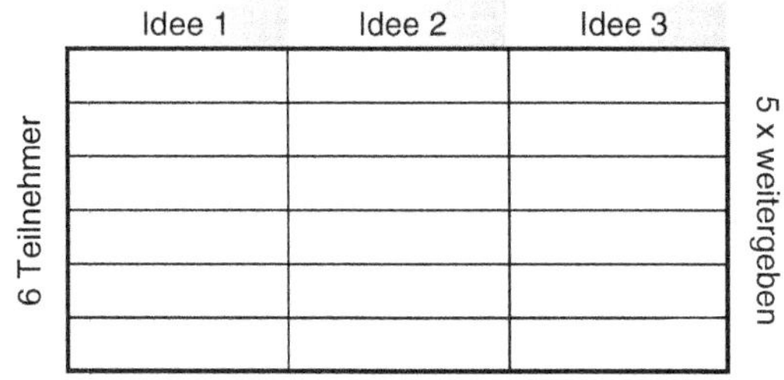

Abb. 2.13 Beispiel für ein
Arbeitsblatt für die Methode
635

Folgende Regeln gelten:

- Die Teilnehmer sprechen während der Zeit nicht miteinander.
- Die Zeitvorgaben sind unbedingt einzuhalten.
- Pro Feld nur eine Idee.

Als Variante lässt sich dieses Verfahren auch mit weniger Teilnehmern realisieren. Dann bearbeiten die Teilnehmer das Arbeitsblatt mehrmals.

Vorteile

Diese Methode ergibt in einer festgelegten Zeit viele Ideen. Alle Teilnehmer bringen sich ein, Ideen werden nicht diskutiert oder kritisiert. Die Methode kann auch Verwendung finden, wenn die Teilnehmer räumlich verteilt sind.

Nachteile

Die zeitlichen Vorgaben können die Teilnehmer unter Druck setzen.

Anwendung

Sie eignet sich für kleine Arbeitsgruppen und für den Einstieg in weniger oder durchschnittlich komplexe Themen.

2.7.5 Blitzlicht

Die Blitzlicht-Methode eignet sich für eine Momentaufnahme. Sie kann zu jeder Zeit im Projekt eingesetzt werden, zum Beispiel:

- Bei einem Projekt-Kickoff, um das vorhandene Wissen zum Projekt abzufragen
- Während der Projektdurchführung, um die aktuelle Stimmungslage zu erfassen
- Beim Projektabschluss für ein Feedback

Das Blitzlicht kann wie folgt eingesetzt werden: Zunächst wird eine zu beantwortende Frage gestellt; Erläuterung am Beispiel: „Wie gut kenne ich mich mit der im Projekt verwendeten Technik aus?" Es gibt die Aussagen „Bestens" oder „Gar nicht", aber auch Bereiche dazwischen.

Abb. 2.14 Beispiel für ein
Blitzlicht mit der
Ein-Punkt-Abfrage

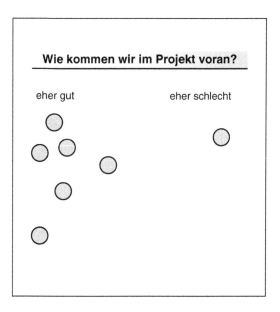

- Die Teilnehmer kommen in einer Runde zusammen. Nacheinander sagt jeder Teilneh-mer einen Satz. Regel: Nur ein Teilnehmer spricht, alle anderen hören zu.
- Ein-Punkt-Abfrage
  Auf ein Flipchart-Papier wird oben die Frage geschrieben, darunter zwei Felder skizziert, welche für eine entsprechende Aussage stehen. Jeder Teilnehmer erhält einen Klebepunkt, den er entsprechend auf das Flipchart-Papier klebt. Abbildung 2.14 zeigt ein Beispiel.
- Positionierung im Raum
  Der Moderator nutzt die Freifläche eines Raums und unterteilt diesen in zwei Bereiche, welche für die möglichen Aussagen stehen. Die Teilnehmer positionieren sich.

Vorteile

Es ist eine einfache Methode, die keine Vorbereitung benötigt. Innerhalb kurzer Zeit be-kommt man schnell ein Gruppenfeedback.

Nachteile

Es gibt eine Tendenz, sich an anderen Gruppenmitglieder zu orientieren. Daher ist es schwieriger abweichende Meinungen zu erhalten.

Anwendung

Die Methode eignet sich, um unverbindlich ein Stimmungsbild zu erhalten.

2.8   Zusammenfassung

Das Kapitel Querschnittsthemen betrachtet alle Themen, die nicht direkt Projektphasen zugeordnet werden können. Dies betrifft Anforderungen, Projektkultur, Kommunikation, Dokumentation, Qualität und Risikomanagement. Zudem stellt das Kapitel Methoden vor, die sich im Projektumfeld als hilfreich erwiesen haben.

Requirements Engineering hilft bei dem Umgang mit Anforderungen, um Merkmale eines Produkts oder Systems für einen hohen Kundennutzen zu identifizieren. In einem typischen Projekt sind zunächst Anforderungen zu identifizieren und zu bewerten. Sind diese bekannt, erfolgt das Verwalten der Anforderungen: Sie erfüllen sich, fallen weg, ändern sich, ggf. kommen neue hinzu.

Die Projektkultur beschreibt das Miteinander der Projektmitglieder im Projekt, auch die Außenwirkung eines Projekts spielt eine Rolle. Die Globalisierung führt zu internationalen Projekten, unterschiedliche Kulturen und Wertesysteme treffen aufeinander, die zu berücksichtigen sind. Eine gemeinsame Sprache ist zu definieren.

Schlüsselerfolgsfaktor für ein Projekt ist eine gute Kommunikation. Welche Kommunikationsmittel werden für ein Projekt genutzt? Ein Kommunikationsplan stellt die Kommunikationswege im Projekt dar.

Ein wichtiger Aspekt ist Qualität im Projekt. Qualitätsmaßnahmen stellen die gewünschte Qualität im Projekt sicher. Eine gute Qualität im Projekt sorgt für qualitativ hochwertige Projektergebnisse.

Risikomanagement ermöglicht den Projekterfolg auch bei auftretenden Schwierigkeiten. Hierzu werden die Risiken gesammelt und regelmäßig beurteilt, um bei Bedarf Gegenmaßnahmen einzuleiten.

Bei den vorgestellten Methoden zeichnet sich Brainstorming als einfache und effektive Methode aus, die während des gesamten Projektlebenszyklus zur Anwendung kommen kann. Mit einem Blitzlicht kann schnell ein Gruppenstatus zu einer geschlossenen Frage eingeholt werden.

Aufgaben

2.1. Kommunikation
Welche Auswirkung hat eine schlechte Kommunikation im Projekt?

2.2. Dokumentation
Was für eine Rolle spielt Dokumentation in einem Projekt?

2.3. Qualität
Was bedeutet für Sie Qualität im Projektmanagement?

2.4. Risikomanagement
Warum sollte man in einem Projekt Risikomanagement durchführen?

Literatur

1. Angermeier, Georg. 2016. Projektmanagement-Glossar des Projekt Magazins. https://www. projektmagazin.de/glossar/. Zugegriffen am 01.02.2016.
2. Buzan, Tony, und Barry Buzan. 2002. *Das Mind-Map-Buch. Die beste Methode zur Steigerung Ihres geistigen Potenzials.* Frankfurt: mvg.
3. Campbell, Michael. 2009. *Communication skills for project managers.* New York: AMACOM American Management Association.
4. Deming, W. E. 1982. *Out of the crisis.* Cambridge: Massachusetts Institute of Technology.
5. Gesellschaft für Projektmanagement. 2016. PM methoden. http://www.gpm-infocenter.de/ PMMethoden/Startseite. Zugegriffen am 01.02.2016.
6. International Requirements Engineering Board. 2016. IREB. https://www.ireb.org/de. Zugegriffen am 01.02.2016.
7. International Software Testing Qualifications Board. 2016. Standard glossary of terms used in software testing. Version 3.01. http://www.istqb.org/downloads/. Zugegriffen am 01.02.2016.
8. Leffingwell, Dean, und Don Widrig. 1999. *Managing software requirements: a unified approach.* Boston: Addison-Wesley.
9. Lehrstuhl für Technologie und Innovationsmanagement (TIM), RWTH Aachen. 2016. WiPro. http://www.innovationsmethoden.info/. Zugegriffen am 01.02.2016.
10. Mehrabian, Albert, und Susan R Ferris. 1967. Inference of attitude from nonverbal communication in two channels. *The Journal of Counselling Psychology* 31(3):248–252.
11. Meichtry, Pascal. 2016. Kano-Modell. http://smallthingsmatter.ch/?page_id=47. Zugegriffen am 01.02.2016.
12. Pohl, Klaus, und Rupp, Chris. 2011. *Basiswissen requirements engineering. Aus- und Weiterbildung zum „Certified Professional for Requirements Engineering".* Heidelberg: Dpunkt.verlag.
13. Project Management Institute. 2010. *A guide to the project management body of knowledge: (PMBOK Guide),* 4. Aufl. Newtown Square: Project Management Institute.
14. Rohrbach, Bernd. 1969. Kreativ nach Regeln – Methode 635, eine neue Technik zum Lösen von Problemen. *Absatzwirtschaft* 12(19):73–76.
15. Schienmann, Bruno. 2001. *Kontinuierliches Anforderungsmanagement. Prozesse – Techniken – Werkzeuge.* Munich/Boston: Addison-Wesley.
16. The Institute of Electrical and Electronics Engineers (IEEE). 1990. lEEE Std 610.121990. IEEE standard glossary of software engineering terminology. https://standards.ieee.org/findstds/ standard/610.12-1990.html. Zugegriffen am 01.02.2016.
17. Wikipedia. 2016. Anforderungsmanagement. https://de.wikipedia.org/wiki/ Anforderungsmanagement. Zugegriffen am 01.02.2016.
18. Wikipedia. 2016. COCOMO. https://de.wikipedia.org/wiki/COCOMO. Zugegriffen am 01.02.2016.

Projektphasen

3

Jedes Projekt hat einen Anfang und ein Ende und damit einen zeitlichen Verlauf, welcher in Projektphasen unterteilt werden kann. Am Ende dieses Kapitels sind Sie in der Lage, basierend auf den in diesem Buch vorgeschlagenen Projektphasen mit entsprechenden Vorlagen und Checklisten Ihre eigenen Projekte zu strukturieren und durchzuführen.

> ### Projektphase
> Eine Projektphase ist nach DIN 69901 ein „zeitlicher Abschnitt eines Projektablaufs, der sachlich gegenüber anderen Abschnitten getrennt ist". Eine typische Trennung der Phasen erfolgt durch Meilensteine, zu denen für das Projekt wesentliche Zwischenergebnisse geliefert werden. Eingangs- und Ausgangskriterien helfen, Projektphasen zu beginnen und abzuschließen. Jedes Projekt hat mindestens die Phasen:
>
> - Planung
> - Realisierung
> - Abschluss

Vorgehensmodelle im Projektmanagement definieren auch Projektphasen (siehe Abschn. 1.3). Diese werden sowohl in der Literatur als auch innerhalb von Organisationen jeweils unterschiedlich strukturiert und benannt.

Die für dieses Buch definierten Projektphasen basieren auf Erfahrungen/Best Practice der Autoren. Folgende Phasen schlagen wir Ihnen für die Durchführung Ihrer Projekte vor:

© Springer-Verlag Berlin Heidelberg 2016
D. Alam, U. Gühl, *Projektmanagement für die Praxis*, Xpert.press,
DOI 10.1007/978-3-662-48047-2_3

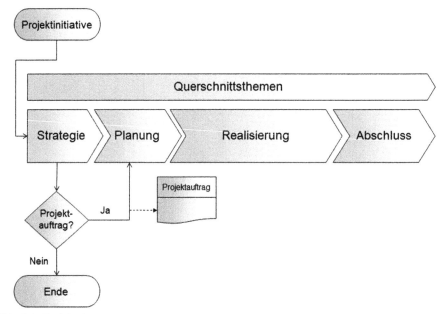

Abb. 3.1 Projektphasen

- Strategiephase (Abschn. 3.1)
- Planungsphase (Abschn. 3.2)
- Realisierungsphase (Abschn. 3.3)
- Abschlussphase (Abschn. 3.4)

Abbildung 3.1 zeigt, dass die eigentliche Projektdurchführung mit dem Projektauftrag beginnt. Die Grenzen zwischen den Phasen sind aber nicht unbedingt streng zu sehen, sondern sind oft auch fließend – abhängig vom Projekt. So kann etwa mit der Projektplanung schon begonnen werden, obwohl sich der Projektauftrag noch in Abstimmung befindet.

In manchen Projekten ist eine separate Konzeptionsphase sinnvoll, auch mit einer Aufteilung in eine Grobkonzeptions- und Feinkonzeptionsphase. Diese können Sie in diesem Umfeld der Planungsphase oder Realisierungsphase zuordnen.

Gerade große Projekte mit internen und externen Partnern umfassen die Erstellung eines oder mehrerer Lastenhefte und Pflichtenhefte. Dies gilt insbesondere für klassische Branchen wie Automotive, Energie, Chemie, Logistik, Immobilien, Bau und im öffentlichen Sektor.

Eine Ausschreibung erfolgt üblicherweise mit einem Lastenheft. Darauf basierend folgen Angebote mit entsprechenden Pflichtenheften. Nach einer Auswahl ergibt sich dann eine Entscheidung über eine Zusammenarbeit. Diese Arbeiten erfolgen in unterschiedlichen oder sogar eigenen Projektphasen, abhängig von der Struktur und Größe des Projekts.

Es gibt die Möglichkeit, ein Lastenheft sogar noch vor dem eigentlichen Projektauftrag zu erstellen, sodass der Projektauftrag darauf referenzieren kann. Hier empfiehlt sich ein eigenes Vorprojekt. Die Erstellung eines Pflichtenhefts kann Teil der Planungsphase oder sogar Realisierungsphase sein.

Nach unserer Praxiserfahrung werden die Themen Lastenheft und Pflichtenheft häufig in der Strategiephase bearbeitet, daher werden diese auch in diesem Buch in der Strategiephase behandelt.

Dynamischere Branchen wie Handel, Medien, Telekommunikation oder Informationstechnologie gehen mehr und mehr zum agilen Projektmanagement über (siehe auch Abschn. 4.3). Hier erfolgt eine Rahmenvereinbarung und die Anforderungen und deren Umsetzung entwickeln sich dynamisch während des Projektverlaufs ohne Lasten- und Pflichtenhefte.

3.1 Strategiephase

„Eine strategische Vision ist ein klares Bild von dem, was man erreichen will."
John Naisbitt (*1929)

Synonym werden für die Strategiephase auch die Begriffe *Konzeptionsphase, Konzeptphase, Projektinitiierung* und *Vorbereitungsphase* verwendet.

Warum braucht man eine Strategiephase?

Die sorgfältige Vorbereitung vermeidet unnötige Risiken und ist Grundlage für einen erfolgreichen Projektverlauf. In der Strategiephase werden erste Ideen entwickelt, wie sich ein Projekt gestalten könnte, um ein definiertes Ziel zu erreichen, wie zum Beispiel ein Produkt am Ende aussehen soll und wie man dafür am besten vorgeht. Es empfiehlt sich, Erfahrungen aus ähnlichen Projekten zu nutzen und auf vorhandenes Wissen zurückzugreifen, um das Rad nicht neu zu erfinden.

Dieser Abschnitt stellt Ihnen den Umfang der Strategiephase dar und Sie erhalten Informationen darüber, was in der Strategiephase eines Projekts alles anfällt und was zu tun ist. Am Ende dieses Abschnitts haben Sie die Erkenntnis gewonnen, was eine Situationsanalyse und Zieloperationalisierung bedeutet, und Sie wissen um die Wichtigkeit eines Projektauftrags.

3.1.1 Ziel/Ergebnisse

Ziel der Strategiephase ist es, einen Projektauftrag zu erhalten. Ergebnisse der Strategiephase sind der Projektauftrag selber und abhängig von dem Vorgehensmodell, der Komplexität und Größe des Projekts ein Lastenheft und ein Pflichtenheft.

3.1.2   Situationsanalyse

„Das Problem zu erkennen ist wichtiger, als die Lösung zu erkennen, denn die genaue
Darstellung des Problems führt zur Lösung."
Albert Einstein (1879–1955)

Zunächst ist die Motivation für ein Projekt zu untersuchen. Man muss sich über die
Ursachen bzw. Gründe für ein Projekt informieren und mit dem Thema und dem Problem-
umfeld vertraut machen.

Je umfangreicher das Projekt, desto wichtiger ist es zu recherchieren (Literatur, ähnliche Abteilungen, Internet), bei Kollegen oder Experten nachzufragen und Untersuchungen
anzustellen.

Auf folgende Fragen soll die Situationsanalyse Antworten geben:

- Welche Informationen, Daten und Fakten gelten?
- Welche Meinungen gibt es?
- Welche Probleme sind erkennbar? Welche Ideen, Anforderungen etc. gibt es?
- Was sind die Ursachen für das Problem?
- Welche Wirkungen gehen vom Problem aus?
- Welche Aufgaben, Abläufe und Methoden sind betroffen?
- Wo liegen die Prioritäten?

Versuchen Sie das eigentliche Problem zu identifizieren. Finden Sie heraus, ob die be-
sprochene Fragestellung das tatsächliche Problem ist oder dem Ganzen etwas Tieferes zu
Grunde liegt. Häufig gilt das Eisbergprinzip: Nur 10 bis 20 % des Problems sind sichtbar,
die wahren 80 bis 90 % der Ursache des Problems werden nicht genannt.
Beispiel: Die Werkstatt weiß nicht, wo und wie sie Reifen lagern soll, welche die Logistik
in die Werkstatt brachte. Das tatsächliche Problem: Die Logistik kümmert sich nicht um
die Lagerung der Reifen und hat das Problem einfach an die Werkstatt delegiert, deren
eigentliche Aufgabe gar nicht die Lagerung von Reifen ist.

Finden Sie mehrere Lösungen!
In den meisten Fällen gibt es mehr als eine Möglichkeit, um ein Problem zu lösen.
Es gilt, mehrere Lösungen zu finden und dann die beste zu identifizieren. Nutzen
Sie das Know-how betroffener Kollegen, anderer Experten und die Ergebnisse von
(Literatur-)Recherchen. Sie können mehrere Menschen zusammenführen und mit
Kreativitätstechniken erste Ideen sammeln (siehe Abschn. 2.7.1, 2.7.2 oder 2.7.4).

Abbildung 3.2 zeigt eine Checkliste für die Situationsanalyse.

Checkliste Situationsanalyse

Frage	Ergebnis
1. Ausgangssituation	
a. Ist die Ausgangssituation ausreichend beschrieben?	
b. Sind die Schwierigkeiten der aktuellen Situation bekannt?	
c. Sind die Betroffenen der aktuellen Situation identifiziert?	
2. Ursachenanalyse Wurde eine Ursachenanalyse durchgeführt, um ggf. das eigentliche nicht direkt sichtbare Problem der Situation zu finden?	
3. Historie	
a. Wurde schon versucht, das dem Projekt zugrunde liegende Problem zu lösen?	
b. Wenn ja, ist dokumentiert, warum es nicht erfolgreich war?	
c. Gibt es Erfahrungen aus ähnlichen Aufgabenstellungen, die genutzt werden können?	
4. Interessenslage / Zusammenarbeit	
a. Wurde eine Umfeldanalyse durchgeführt?	
b. Ist aufgeführt, wer Interesse an der Lösung des Problems hat? Welche Gruppe, welcher Pate, welcher Auftraggeber?	
c. Sind Projekte oder Fachabteilungen identifiziert, die sich mit ähnlichen Aufgaben beschäftigen?	
d. Ist aufgeführt, wer Gegeninteressen hat, bspw. konkurrierende Projekte?	
5. Bei Auftraggeber- / Auftragnehmer-Situation: Ist beschrieben, warum das dem Projekt zugrunde liegende Problem nicht selbst gelöst wird?	
6. Abgrenzung	
a. Ist aufgeführt, welche Tätigkeiten zum Projektumfang gehören?	
b. Ist beschrieben, welche Tätigkeiten nicht zum Projektumfang gehören?	
c. Gibt es Entscheidungen, die zu berücksichtigen sind?	
7. Projektausblick	
a. Wurde eine Zukunftsanalyse für das Projekt durchgeführt?	
b. Wurden Faktoren identifiziert, die während der Durchführung des Projekts zu Problemen, Schwierigkeiten und Auseinandersetzungen führen können?	
c. Wurde der Einfluss dieser Faktoren bestimmt?	
d. Gibt es unter Berücksichtigung der Faktoren und deren jeweiligen Einfluss Szenarien (Best Case / Worst Case) und Handlungsempfehlungen?	

Abb. 3.2 Checkliste Situationsanalyse

3.1.3 Umfeldanalyse

Synonyme für die Umfeldanalyse sind *Projektumwelt-, Projektkontext-* und *Stakeholder-Analyse.*

Ziel der Umfeldanalyse ist es, alle Beteiligten zu identifizieren, die eine Rolle im Projekt spielen oder spielen können, und sie adäquat einzubinden. Das ist wichtig, da Projektinteressenten über den Erfolg von Projekten entscheiden können – positiv oder negativ. Daher gilt es, Stakeholder zu ermitteln, sie zu informieren, aktiv zu betreuen und in Entscheidungen einzubinden.

Warum ist eine Umfeldanalyse notwendig?

- Es gibt unterschiedliche Erwartungen und Interessen an ein Projekt.
  Beispiel Reorganisation: Betrachte die Rollen Betriebsrat und Aktionäre.
  Beispiel Flughafenausbau: Betrachte die Rollen Umweltschutzgruppen und Wirtschaft.
- Stakeholder sind unterschiedlich betroffen, sowohl subjektiv als auch objektiv. Es ist zu überlegen, wo es Synergien oder Konflikte gibt.
  Beispiel Umstrukturierung: Mitarbeiter mit langjährigem bewährtem Verhalten gegenüber neuen Mitarbeiter mit neuen Ideen.
- Unterschiedliche Machtverhältnisse
  Personen können mit ihrem Einfluss über das Projekt entscheiden und/oder es positiv bzw. negativ beeinflussen.
  Beispiel: Geschäftsführung verglichen mit Sachbearbeiter.

Folgende Fragestellungen können helfen, Stakeholder zu identifizieren (vgl. Abb. 3.3):

- Wer ist verantwortlich für Gewinn oder Verlust durch das Projekt?
- Wer sind die Nutzer/Anwender eines entwickelten Projektergebnisses?
  Hier hilft die Entwicklung eines Szenarios oder einer Vision, an wen das Projektergebnis übergeben wird und wer alles mit dem Projektergebnis arbeitet. Wer wäre für den Betrieb verantwortlich (vgl. Abschn. 3.4.2)?

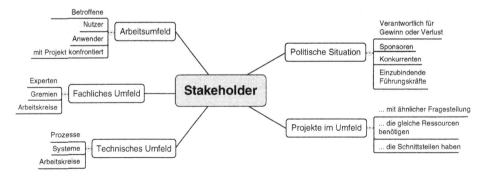

Abb. 3.3 Fragestellungen, um Stakeholder zu identifizieren

- Wer ist alles mit dem Projekt konfrontiert, wer ist betroffen?
- Gibt es Projekte, die ähnliche Fragestellungen bearbeiten?
- Welche Gremien oder Arbeitskreise sind zu berücksichtigen?
- Wer hat auf dem Gebiet schon gearbeitet?
- Gibt es Projekte, die gleiche Ressourcen benötigen?
- Welche Systeme, Prozesse sind betroffen?
- Gibt es Schnittstellen zu anderen Projekten?
- Politische Situation: Gibt es Sponsoren, Konkurrenten? Welche Führungskräfte müssen eingebunden werden?

Folgendes Vorgehen empfiehlt sich:

- Stakeholder identifizieren
- Einfluss und Einstellung der Stakeholder zum Projekt feststellen
- Maßnahmen definieren (zum Beispiel: Regelmäßige Kommunikation)

Um Stakeholder zu identifizieren können Sie Mind-Mapping nutzen (s. Abb. 3.3 vgl. Abschn. 2.7.3). Die entstehende Mind-Map oder Liste können Sie mit Kontaktinformationen erweitern.

Verantwortlichkeiten und die Art der Einbindung der Stakeholder im Projekt sollten frühzeitig festgelegt werden und bekannt sein. Dies kann zum Beispiel mit einer RACI-Matrix erfolgen. Eine RACI-Matrix-Vorlage finden Sie im Abschn. 5 auf S. 143.

RACI-Matrix

Eine RACI-Matrix dient dazu, definierten Aufgaben Rollen zuzuordnen.
Diese RACI-Rollen sind im Einzelnen:

- **R**esponsible, d. h. verantwortlich im disziplinarischen Sinne.
- **A**ccountable, d. h. verantwortlich aus Kostenträger- oder Kostenstellensicht.
- **C**onsulted, d. h. verantwortlich in fachlicher Hinsicht.
- **I**nformed, d. h. benötigt die Information für andere Verantwortlichkeiten.

Abbildung 3.4 zeigt ein Beispiel für eine Umfeldanalyse, eine Vorlage finden Sie im Abschn. 5 auf S. 144.

Abbildung 3.5 zeigt eine Checkliste für die Umfeldanalyse.

Stakeholder	Mögliche Rolle im Projekt	Einstellung zum Projekt	Mögliche Einflussnah-me / Macht	Maßnahmen / Strategien
Geschäfts-führung	A	positiv	hoch	• Regelkommunikation einmal pro Woche
Projektleiter	R	positiv	hoch	• Einbeziehen in Beta-Testphase
Kunde	I	negativ	hoch	• Regelstatus zweimal pro Woche kommunizieren
Anwender	C	negativ	niedrig	• Anwenderworkshop mit Prototyp-Vorführung durchführen
Betriebsrat	I	positiv	mittel	• Informationsveranstaltung durchführen

Abb. 3.4 Beispiel für eine Umfeldanalyse

Checkliste Umfeldanalyse

Frage	Ergebnis
1. Personen / Personengruppen identifizieren: Wer ist mit dem Projekt konfrontiert?	
a. Wer ist alles in das Projekt irgendwie involviert?	
b. Wer kann Informationen zum Projekt liefern, welche Informationsquellen gibt es?	
c. Welchen übergeordneten Zielen und Visionen soll das Projekt zuarbeiten?	
d. Gibt es Projekte, die ähnliche Fragestellungen bearbeiten? Wer sind die Kontaktpersonen?	
e. Gibt es Projekte, die gleiche Ressourcen benötigen?	
f. Welche Systeme, Prozesse sind betroffen?	
g. Politische Situation: Gibt es Sponsoren, Konkurrenten?	
h. Wer ist betroffen von dem Projekt, wer profitiert, wem schadet es?	
i. Wer kann den Erfolg des Projekts positiv oder negativ beeinflussen?	
2. Welche Einstellung haben die identifizierten Personen / Personengruppen zum Projekt?	
3. Wie groß ist jeweils die Macht?	
4. Wie sollte man mit den Personen umgehen, wie sehr sind sie einzubinden in das Projekt?	

Abb. 3.5 Checkliste Umfeldanalyse

3.1.4 Projektziele

„Der Langsamste, der sein Ziel nicht aus den Augen verliert, geht immer noch schneller als der, der ohne Ziel herumirrt."
Gotthold Ephraim Lessing (1729–1781)

Eine der ersten Aktivitäten im Projekt ist die Erfassung und Definition des Projektziels.

> **Projektziel**
> Die DIN 69901-5 definiert das Projektziel als „Gesamtheit von Einzelzielen, die durch das Projekt erreicht werden".
> Ziele sind Wünsche! Die vollständige Zielbeschreibung umfasst 4 W:
>
> - Was?
> - Wie viel?
> - Wann?
> - Wo?
>
> Nicht-Ziele grenzen das Projekt ab und beschreiben, auf was im Projekt verzichtet wird, was also nicht erreicht werden soll. Eine Strategie beschreibt den planvollen Weg zum Ziel.

Projektziele sind notwendig, um das Projekt zu steuern und den Projekterfolg zu messen. Die Projektziele sind Grundlage des Scope Managements (Synonym: *Inhalts- und Umfangsmanagement*). Darauf aufbauend wird mit dem Scope Management dann der Umfang des Projekts definiert und im Projektverlauf sichergestellt, dass die entsprechenden Aufgaben umgesetzt werden.

Weitere Gründe für Ziele im Projekt sind:

- Ziele helfen, sich klar auszurichten und verhindern Umwege.
- Ziele dienen als Grundlage für die Planung und Steuerung des Projekts der „Bekämpfung des Zufalls" (No surprises!).
- Ziele sind Grundlage für das Projektcontrolling.
- Ziele wirken motivierend und gemeinschaftsfördernd für das Projektteam.
  Ein wichtiger Erfolgsfaktor ist das Erreichen von (Teil-)Zielen.

Ziele sind so die Grundlage erfolgreicher Projekte. Unterscheiden Sie folgende Ziel-
arten:

- Hauptziele
  Diese sollten nie aus den Augen verloren werden.
- Teilziele (Synonyme: *Unter-* oder *Zwischenziele*)
  Teilziele helfen bei der Strukturierung des Projekts.
- Nebenziele
  Nebenziele sind weitere Ziele, die erreicht werden können.
- Nicht-Ziele
  Um das Projekt abzugrenzen, sind explizit Nicht-Ziele festzulegen.

Die Ziele sollen nach deren Wichtigkeit priorisiert werden. Jederzeit ist sicherzustellen,
dass die zu dem Zeitpunkt wichtigsten Aktivitäten für das Projekt im Fokus sind.

Die Zieloperationalisierung hilft bei der präzisen Formulierung und Quantifizierung
der Ziele, damit der Erfolg gemessen und kontrolliert werden kann. Damit ist feststellbar,
wann eine Lösung erreicht wurde.

Bewährt hat sich die SMART-Methode (Abb. 3.6):

- **S** pezifisch
  Das Ziel ist klar, präzise und widerspruchsfrei formuliert.
- **M** essbar
  Das Ziel ist überprüfbar.
- **A** ttraktiv
  Das Ziel ist anspruchsvoll, es fordert heraus und ist positiv formuliert.
- **R** ealistisch
  Das Ziel ist mit den verfügbaren Mitteln in der vorhandenen Zeit erreichbar, Rahmen-
  bedingungen sind geklärt.
- **T** erminiert
  Das Ziel soll zu einem bestimmten Zeitpunkt erreicht werden.

Beispiel Software-Test:
Der entwickelte Webshop soll in der Version 2.0 auf dem Betriebssystem Ubuntu 15.04
mit den Browsern Firefox in der Version 40.03 und Chrome in der Version 44.0 getestet
werden (*spezifisch*).
Grundlage hierfür sind 400 Testfälle mit der Priorität „hoch" und 600 Testfälle mit der
Priorität „mittel". Alle Testfälle mit der Priorität „hoch" sind vollständig auszuführen.
Mindestens 50 % der Testfälle mit der Priorität „mittel" sind durchzuführen. Am Ende

Abb. 3.6 SMART-Methode

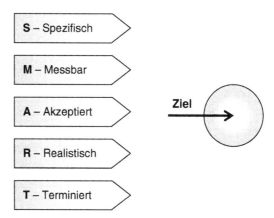

der Testphase darf es keine offenen schweren Fehler mehr geben. Bis zu 10 mittelschwere Fehler werden akzeptiert. Alle leichten Fehler müssen dokumentiert sein (*messbar*).

Die Tests sollen nach deren Priorisierung abgearbeitet werden. Fehler sind schnellstmöglich mit ausreichenden Informationen zur Reproduzierbarkeit an die Entwicklung weiterzugeben. 20 % der Testfälle mit der Priorität „hoch" sollen parallel automatisiert werden (*attraktiv*).

Für das Projekt stehen zehn Tester über einen Zeitraum von acht Wochen zur Verfügung. Grundlage der Planung sind die für die Version 1.0 durchgeführten Tests mit der Annahme, dass jeder zehnte Testfall einen Fehler findet und jeder Fehler innerhalb von drei Tagen behoben wird (*realistisch*).

Die Tests beginnen am 04.01.2017 und enden am 26.02.2017, der finale Testreport ist bis zum 03.03.2017 zu erstellen (*terminiert*).

Messbare Zielgrößen beschreiben, wann ein Ziel erreicht ist. Sie sind damit Abnahmekriterien, Beispiele:

- 90 % aller Aufträge können digital verarbeitet werden (Ja/Nein).
- Eine Veranstaltung hat stattgefunden (Ja/Nein).

Die Zieloperationalisierung beantwortet folgende Fragen:

- Was soll erreicht werden? Welche Ziele werden mit diesem Projekt verfolgt?
- Welche Priorität haben die einzelnen Ziele?
- Wie viel soll erreicht werden? Was ist der Zielerreichungsgrad?
- Wann soll das Ziel erreicht werden? Welche Zeitpunkte bzw. Zeiträume sind zu beachten?
- Besteht eine Abhängigkeit zwischen den Zielen? Wenn ja, welche?
- Wer ist für die Erreichung welches Ziels verantwortlich?
- Welche Bedingungen sind einzuhalten?
- Wo sind die Ziele zu erreichen – wie ist der räumliche Bezug?

3.1.5 Lösungsansätze

„Die Probleme, die es in der Welt gibt, können nicht mit den gleichen Denkweisen gelöst werden, die sie erzeugt haben."
Albert Einstein (1879–1955)

Nachdem das Ziel klar ist, sollte man sich vor einem Projektantrag Gedanken zu ersten Lösungsansätzen und einem Zeitplan zu machen. Das Lösungskonzept ist zu beschreiben. Gibt es mehrere Lösungskonzepte, sind diese einzeln mit Vor- und Nachteilen darzustellen. Es soll klar sein, wie die Lösungen bzw. Lösungsansätze priorisiert werden.

Eine Wirtschaftlichkeitsanalyse empfiehlt sich, um den Gesamtnutzen eines Projekts aufzuzeigen. Die Wirtschaftlichkeit kann nachgewiesen werden durch

- quantitative (monetäre) Methoden
  Hier kann der Return on Investment (RoI) mit Amortisationszeit berechnet werden.
- qualitative (nicht-monetäre) Methoden
  Hier bieten sich Methoden wie die Nutzwertanalyse [3] oder die Balanced Scorecard [7] an.

Lässt sich für ein Projekt keine Wirtschaftlichkeit darstellen oder ist dies nicht angestrebt, sollte dies klar kommuniziert werden.

Im Folgenden wird eine mögliche Entwicklung von Lösungsansätzen mit einem groben Zeitplan am Beispiel „Jubiläumsveranstaltung eines Unternehmens" kurz vorgestellt:

- Planung
  - Festlegen des Orga-Teams (6 Monate vor dem Jubiläum)
  - Sammeln und Bewerten von Lösungskonzepten: Wie kann das Jubiläum angemessen gefeiert werden? (5 Monate vor dem Jubiläum)
    1. Konzert mit einer Hip-Hop-Band
       Vorteile: Ungewöhnlich, auch junge Mitarbeiter sind begeistert
       Nachteile: Teuer, Konzert kann schlecht verlaufen
    2. Theater-Sondervorstellung
       Vorteile: Kulturell anspruchsvoll
       Nachteile: Nicht alle Mitarbeiter mögen Theater
    3. Gemeinsame Schifffahrt
       Vorteile: Flexible Anzahl von Mitfahrern möglich, Gemeinschaftseffekt
       Nachteile: Niemand kann nachträglich auf das Schiff kommen oder vorzeitig das Schiff verlassen

- Abstimmen und Entscheiden, welches Lösungskonzept umgesetzt wird.
  (3 Monate vor dem Jubiläum)
- Vorbereiten der Veranstaltung …
- Durchführen der Veranstaltung …
- Nachbereiten der Veranstaltung …

3.1.6 Projektauftrag

Ein Projektauftrag ist der formelle Startschuss für das Projekt. So ist der Beginn des Projekts nachvollziehbar.

> **Projektauftrag**
>
> Synonyme: *Auftrag, Projektleitervereinbarung* oder *Projektvereinbarung*.
>
> DIN 69901-5 definiert den Begriff „Auftrag" als „Vertrag über Lieferungen und Leistungen, dessen Zustandekommen das Einverständnis der Vertragsparteien voraussetzt".
>
> In der Regel handelt es sich bei einem Projektauftrag um ein vom Auftraggeber rechtsverbindlich unterzeichnetes Vertragsdokument, mit dem er den Auftragnehmer beauftragt, die vereinbarten Leistungen zu erbringen und sich zur Zahlung der entsprechenden Vergütung verpflichtet.

Mit dem Projektauftrag ergibt sich die Grundlage für den Inhalt und den Umfang des Projekts. Je deutlicher Sie bei der Auftragsklärung die Anforderungen und Wünsche an das Projektergebnis identifizieren, desto höher ist die Erfolgswahrscheinlichkeit, da Sie sich so an dem klar definierten Inhalt und Umfang orientieren können.

Abhängig vom Projektkontext kann der Begriff Inhalt und Umfang sowohl für das Projekt (Was ist zu tun?) als auch für das zu erstellende Projektergebnis (Was wird durch das Projekt getan?) stehen. Das Scope Management stellt sicher, dass das Projekt alle Arbeitsaufgaben enthält, um das Projekt erfolgreich umsetzen zu können [10].

Im Projektverlauf ergeben sich durch einen Projektauftrag folgende Vorteile:

- Die Teammitglieder haben eine Orientierung
  Dies ermöglicht Zufriedenheit und führt zu Motivation und Akzeptanz.
- Die Projektorganisation wirkt
  Daraus folgt eine sehr gute Koordination und ein gesteuerter Prozessablauf. Eine Konfliktbewältigung ist möglich.
- Die Projektplanung ist vollständig
  Ein klarer Projektauftrag vermeidet Planungsfehler. Eventuell auftretende Differenzen oder Probleme im Projekt können frühzeitig erkannt werden und ermöglichen eine frühe Anpassung der Planung.

Für den Projektauftrag sind die wichtigsten Punkte zu klären, aufzuschreiben und abschließend schriftlich durch den Auftraggeber zu bestätigen. Der Umfang und die Granularität des Projektauftrags sind abhängig von der Größe des Projekts, er sollte Folgendes enthalten:

- Auftraggeber
  Ein Projekt bzw. ein Projektleiter braucht immer einen Ansprechpartner, auch wenn hinter diesem ein Gremium wie ein Steuerkreis steht, dessen Beschlüsse Einfluss auf das Projekt haben können. Es soll klar sein, wer das Projektergebnis am Ende abnimmt.
- Zweck des Projekts
  Sind die Vorstellungen und Wünsche des Auftraggebers bekannt?
  Beschreibung des Problems und der Aufgabenstellung: Um was geht es?
  Aufgabenabgrenzung: Um was geht es nicht?
- Zielsetzung
  Was ist erreicht, wenn das Projekt fertig ist; was sind Qualitätskriterien dafür? Was sind die kritischen Erfolgsfaktoren?
- Kurze Projektbeschreibung
- Projektstruktur und Projektorganisation
  Beschreibung der Gremien, des Projektleiters und der Projektmitglieder.
- Ressourcenplan und Terminplan
  Aufzuführen sind Ressourcen, Kosten, Budget sowie Termine und Meilensteine.
- Risiken
  Die aktuell bekannten Risiken und wenn möglich erste entsprechende Maßnahmen sind aufzuführen (siehe auch Abschn. 2.6).

Eine Übersicht zum Projektauftrag zeigt Abb. 3.7, eine Vorlage finden Sie in Abschn. 5 auf S. 145. Aus dem Projektauftrag kann ein Projektsteckbrief abgeleitet werden (siehe Abschn. 2.4.5). Es empfiehlt sich, ab diesem Zeitpunkt ein Projekthandbuch zu führen (vgl. Abschn. 2.4.6).

Tipp: In dieser Phase sollten Sie im Unternehmen hochrangige Sponsoren als Paten gewinnen und diese regelmäßig informieren.

3.1.7 Lastenheft

Das Lastenheft beschreibt, was erbracht werden soll. Es enthält die Anforderungen, Erwartungen und Wünsche an ein geplantes Produkt und umfasst die Lieferungen und Leistungen eines Auftragnehmers.

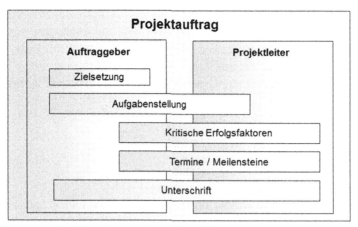

Abb. 3.7 Umfang des Projektauftrags und beteiligte Rollen

Lastenheft

Synonyme sind: *Anforderungskatalog, Anforderungsspezifikation, Grobkonzept, Leistungsverzeichnis, Rahmenheft* oder *Systemanforderungen*; englische Synonyme: *Requirements Document* oder *Requirements Specification*.

Nach DIN 69901-5 beschreibt das Lastenheft die „vom Auftraggeber festgelegte Gesamtheit der Forderungen an die Lieferungen und Leistungen eines Auftragnehmers innerhalb eines Auftrages".

Ein Lastenheft beschreibt die Anforderungen, Erwartungen und Wünsche an ein geplantes Produkt. Es ist oft in der Informatik, Elektrotechnik und im Automobilbau Vertragsbestandteil.

Ob und wann in einem Projekt ein Lastenheft benötigt wird, hängt von mehreren Parametern ab. Tendenziell ist ein Lastenheft zu erstellen, je größer und komplexer ein Projekt, je länger die Dauer und je mehr externe Partner in einer Kunden-/Lieferantenbeziehung, etwa als Systemlieferanten, im Projekt vorhanden sind.

Das Lastenheft (und auch später Pflichtenheft) ist hauptsächlich ein wichtiges Hilfsmittel im Projekt für eine klare Kommunikation und gute Verständlichkeit der Anforderungen. Da das Erstellen von Lasten- und Pflichtenheften immer auch Aufwand bedeutet, ist jeweils das Kosten-/Nutzen-Verhältnis zu betrachten.

Mit einem Lastenheft ist sichergestellt, dass alle Anforderungen in einer Quelle hinterlegt sind. Es ist typischerweise die Basis eines Projekts und dient am Ende des Projekts als Grundlage für die Abnahme, um die erfolgreiche Umsetzung der Anforderungen zu bestätigen.

Das Lastenheft enthält die Projektanforderungen auf Basis des Projektauftrags und dient bei Kunden-/Lieferantenprojekten als Grundlage zur Einholung von Angeboten (Angebotsanfragen). Der Auftraggeber sollte das Lastenheft selbst erstellen. Ist dies nicht möglich, muss er es zumindest abnehmen. Das Lastenheft soll eine mögliche unterschiedliche Interpretation pauschaler Anforderungen zwischen Auftraggeber und Auftragnehmer vermeiden.

Im Folgenden ein Vorschlag für Inhalte eines Lastenhefts:

- Projektziele
- Ausschreibungsunterlagen
- Machbarkeitsstudien (Konzeptbeschreibungen)
- Ausgangssituation (technisch und organisatorisch), etwa Funktionalität von Altsystemen
- Anforderungen
  Die Anforderungen sollten domänenspezifisch strukturiert sein und entsprechenden Standards folgen, wie zum Beispiel der Software Requirements Specification (ANSI/IEEE Std 830-1984) [6] oder den Qualitätsmerkmalen nach ISO/IEC 25000 (Nachfolger der ISO/IEC 9126) [9]. Beispielhaft könnten Anforderungen im IT-Bereich wie folgt strukturiert sein:
  - Technische Anforderungen (Systemleistung, Verfügbarkeit, Performance, Mengengerüst, Sicherheitsanforderungen, Designkriterien)
  - Systemanforderungen (Funktionalität, Schnittstellen, Hardware, Software, Datenbanken, Services)
  - Infrastrukturelle Anforderungen (Netz, Strom, Klima, Räume, Brandschutz, Betriebsort)
  - Betriebsanforderungen (Wartung und Instandhaltung während und nach der Gewährleistung)
- Rahmenbedingungen (Nicht-funktionale Anforderungen, Qualitätsanforderungen, Gesetze, Normen, unternehmensspezifische Bestimmungen, Umweltschutz, Außerbetriebnahme)
- Betriebliche Anforderungen, bestehende und/oder geplante betriebliche Prozesse und Organisationsabläufe wie Richtlinien, Verfahrens- und Arbeitsanweisungen.
- Verträge und laufende Projekte im Projektumfeld (geltende Bestimmungen und Vorgaben, die im Projektumfeld zu beachten sind)
- Weitere Bedingungen (Transporte, Zollbestimmungen)
- Leistungen des Auftraggebers (Mitarbeit, Beistellungen)
- Kommunikationsplan, Workshops/Abstimmungen mit Kunden
- Dokumentation (Technische Produktdokumentation, Anwenderhandbuch (User-Manual), Administrations- und Betriebshandbuch)

- Schulung (Anwender, Administratoren, Betrieb)
- Abnahme und Inbetriebnahme

Im Weiteren sind für Sie Hinweise für die Erstellung des Lastenhefts aufgeführt:

- Achten Sie auf Konflikte oder Widersprüche zwischen einzelnen Anforderungen, klären Sie allgemeine globale Kundenwünsche, um eindeutige Projektanforderungen zu erhalten.
- Formulieren Sie die Projektanforderungen lösungsneutral.
  Beispiel: Der Web-Shop ist im Jahr zu 97 % verfügbar.
- Priorisieren Sie Ihre Anforderungen.
  - Muss-Kriterien: Anforderungen, die auf jeden Fall umzusetzen sind.
  - Soll-Kriterien: Anforderungen, die umzusetzen sind, auf welche aber eventuell verzichtet werden kann.
  - Kann-Kriterien: Anforderungen, die nicht unbedingt umzusetzen sind.
- Nutzen Sie für die Erstellung des Lastenhefts das Wissen Ihrer Projektmitarbeiter.
- Investieren Sie genügend Zeit und Ressourcen in die Ermittlung der Projektanforderungen und in die Erstellung des Lastenhefts.
- Stimmen Sie die Projektanforderungen und das Lastenheft mit allen Projektbeteiligten, insbesondere mit dem Auftraggeber, verbindlich ab.
- Führen Sie Anforderungen, die Sie identifiziert haben, der Auftraggeber aber als nicht relevant ansieht (bspw. Datenschutzaspekte, Unternehmensvorgaben) separat als „nicht zu erfüllende Anforderungen" für Ihre eigene Absicherung auf.

In der Projektpraxis zeigt sich, dass es auch für fertiggestellte Lastenhefte noch Nachbesserungen oder Änderungen geben kann. Dieses Thema ist ernst zu nehmen und mit einem Änderungsmanagement ist der Umgang mit Änderungen zu regeln. So muss zum Beispiel sichergestellt sein, dass jeder, der mit dem Lastenheft arbeitet, immer bei Änderungen eingebunden wird und Zugang zur aktuellsten Version hat.

3.1.8 Pflichtenheft

Das Pflichtenheft beschreibt, wie eine Leistung erbracht werden soll. Es enthält die Realisierungsvorgaben, welche vom Auftragnehmer erarbeitet werden. Das Pflichtenheft beschreibt damit die geplante Umsetzung des vom Auftraggeber vorgegebenen Lastenhefts.

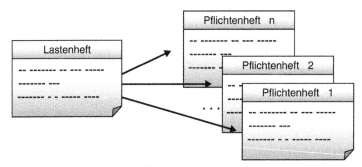

Abb. 3.8 Lastenheft als Grundlage für Pflichtenhefte

> **Pflichtenheft**
>
> Synonyme sind: *Anforderungsspezifikation, Ausführungsplanung, Fachfeinkonzept, fachliche Spezifikation, Feinkonzept, Funktionsspezifikation, Projektspezifikation* oder *Sollkonzept*; englisches Synonym: *Feature Specification*.
>
> Das Pflichtenheft umfasst nach DIN 69901-5 die „vom Auftragnehmer erarbeiteten Realisierungsvorhaben aufgrund der Umsetzung des vom Auftraggeber vorgegebenen Lastenhefts" und stellt so die Konkretisierung des Lastenhefts dar. Das Pflichtenheft ist die vertraglich bindende, detaillierte Beschreibung einer zu erfüllenden Leistung.

Grundlage für das Pflichtenheft ist das Lastenheft, ohne Lastenheft kann es kein Pflichtenheft geben. Wie in Abb. 3.8 gezeigt, kann ein Lastenheft auch Grundlage für mehrere Pflichtenhefte sein, beispielsweise im Rahmen einer Ausschreibung. Daher ist zunächst das Lastenheft detailliert sowie auf technische und wirtschaftliche Machbarkeit und Widerspruchsfreiheit zu prüfen. Das Pflichtenheft beschreibt die geplante Umsetzung der Anforderungen aus dem Lastenheft. Es umfasst ausführlich und im Detail die für Erreichung der Projektziele erforderlichen Leistungen und zwar technisch, wirtschaftlich und organisatorisch. Die Realisierung der Projektanforderungen und Bedingungen dafür werden fest vereinbart. Projektabhängig kann ein ausführliches Pflichtenheft auch die vollständige Projektplanung umfassen, einschließlich Termin- und Ressourcenplänen.

Als verbindliche Vereinbarung zwischen Auftraggeber und Auftragnehmer ist das Pflichtenheft Basis der Projektrealisierung und dient als Projektgrundlage.

Das Pflichtenheft soll in enger Abstimmung mit dem Auftraggeber erstellt und am Ende von beiden Seiten unterschrieben werden. Änderungen (z. B. Änderungsanforderungen bzw. Change Requests) sollten innerhalb eines definierten Änderungsmanagement-Prozesses bearbeitet werden. Vereinbarte Änderungen müssen schriftlich erfolgen und gegengezeichnet werden.

Checkliste Strategiephase

Frage	Ergebnis
1. Projektauftrag	
a. Wurde ein Projektauftrag erteilt?	
b. Ist der Auftraggeber klar bestimmt?	
c. Sind die Projektziele vereinbart?	
d. Ist die Erreichung der Projektziele messbar?	
e. Sind die Randbedingungen definiert?	
f. Sind die Nicht-Ziele des Projekts definiert?	
g. Ist der Projektleiter klar bestimmt?	
h. Sind die bekannten Risiken aufgeführt?	
2. Wurde eine Situationsanalyse durchgeführt?	
3. Wurde eine Umfeldanalyse durchgeführt?	
4. Erste Projektplanungsaktivitäten	
a. Gibt es Entwürfe zur Projektstruktur und Projektorganisation?	
b. Existieren Schätzungen zum Ressourcen- und Zeitplan?	
c. Gibt es eine grobe Terminplanung mit Meilensteinen?	
d. Wurde ein erstes Kommunikationskonzept erstellt?	
e. Gibt es Ideen zum Projektteam?	
5. Wirtschaftlichkeitsanalyse	
a. Wurde eine Wirtschaftlichkeitsanalyse durchgeführt?	
b. Sind insbesondere Folgekosten beachtet worden?	
6. Lastenheft	
a. Wer erstellt das Lastenheft bis wann?	
b. Wer nimmt das Lastenheft bis wann ab?	
7. Pflichtenheft	
a. Wer erstellt ein Pflichtenheft bis wann?	
b. Wer nimmt ein Pflichtenheft bis wann ab?	

Abb. 3.9 Checkliste Strategiephase

3.1.9 Checkliste

Abbildung 3.9 zeigt eine Checkliste für die Strategiephase.

3.2   Planungsphase

„Planung ersetzt Zufall durch Irrtum."
Albert Einstein (1879–1955)

Die Planungsphase, welche in diesem Abschnitt ausführlich behandelt wird, legt die Grundlage für ein erfolgreiches Projekt. Ein Projektplan zeigt auf, wie der in der Strategiephase erteilte Projektauftrag konkret umgesetzt werden kann. Projektplanung ist neben der Projektrealisierung die zentrale Aufgabe des Projektleiters.

Ein Projektvorhaben wird aufgeteilt und strukturiert, um die Komplexität zu reduzieren und um einen Überblick erhalten und bewahren zu können. Zu beachten ist, dass immer das Ziel im Fokus bleibt. Es soll nicht der Projektplan erfüllt, sondern das Ziel erreicht werden.

Kein Plan kann die Wirklichkeit zu 100 % abbilden und damit ist Planen immer auch ein Spagat. Auf der einen Seite die Theorie: Je besser ein Projekt geplant ist, desto wahrscheinlicher der Projekterfolg. Auf der anderen Seite gibt es die Gefahr der bürokratischen Überplanung: Planen wird zur Ersatzhandlung der Projektarbeit – vor lauter Planen kommt man nicht zum eigentlichen Projekt. Allen Projektbeteiligten muss klar sein, dass ein Plan nur eine Annäherung sein kann.

Ein vorgelegter Plan, auch in einer Zwischenversion, erleichtert sowohl die Kommunikation, speziell mit den einzubindenden Personen, als auch die Abstimmung, etwa bei der Anforderung benötigter Ressourcen. Eine Planung ergibt darüber hinaus auch die Gelegenheit, frühzeitig mögliche Problemfelder aufzuzeigen und diese gezielt zu bearbeiten. Allgemein und auch für die Projektplanung gilt: Je früher ein Fehler erkannt wird, desto niedriger sind die Kosten der Behebung. Alternative Szenarien können durchdacht und in der Planung berücksichtigt werden.

Am Ende der Planungsphase gibt es einen abgestimmten Plan. In einem Kickoff-Meeting soll die Projektmannschaft sagen: „So könnte es gehen". Dann beginnt die eigentliche Projektdurchführung.

Ein Plan lebt! Zunächst handelt es sich um einen groben Rahmen, der schrittweise weiterentwickelt und abgestimmt wird. Schließlich gibt es einen abgestimmten Stand. Aber auch nach Abschluss der Planungsphase muss der Plan regelmäßig geprüft und an die tatsächlichen Verhältnisse angepasst werden.

Dieser Abschnitt stellt Ihnen Aktivitäten der Planungsphase vor und Sie erhalten Informationen darüber, was in der Planungsphase eines Projekts alles zu berücksichtigen ist. Am Ende dieses Abschnitts können Sie einen Projektplan erstellen, der einen Projektstrukturplan, Kosten- und Ressourcenplan, einen Zeitplan mit Meilensteinen sowie eine Projektorganisation enthält. Sie verstehen, wie man diese Pläne erstellen, optimieren und abstimmen kann. Sie wissen um die Wichtigkeit, abhängig von der Art und Größe des Projekts, eine passende Projekt-Kickoff-Veranstaltung durchzuführen.

3.2.1 Ziel/Ergebnisse

Ziele und Ergebnisse der Planungsphase sind

- ein vollständiger Projektplan inklusive eines Projektstrukturplans, Terminplans, Ressourcen- und Kostenplans sowie der Projektorganisation und
- eine erfolgreich durchgeführte Projekt-Kickoff-Veranstaltung.

3.2.2 Projektplan

„Niemand plant, zu versagen, aber die meisten versagen beim Planen."
Lee Iacocca (*1924)

Was ist ein Projektplan?

Projektplan

Gemäß DIN 69901-5 ist der Projektplan die „Gesamtheit aller im Projekt vorhandenen Pläne". Der Projektplan umfasst alle Pläne, die im Projekt erstellt werden, üblicherweise sind dies

- Projektstrukturplan (siehe Abschn. 3.2.3),
- Terminplan inklusive Meilensteinplan (siehe Abschn. 3.2.4),
- Ressourcen- und Kostenplan (siehe Abschn. 3.2.5).

Auch wenn die Projektplanung zusammen mit der Projektsteuerung die zentrale Aufgabe des Projektleiters ist, sollte Ihnen immer bewusst sein: Projektmanagement ist das Erreichen von Zielen, nicht das Erfüllen von Plänen!

Beispiel: In einem Projekt „Prüfungsvorbereitung" gibt es folgende Planung:

1. Lernen der Vorlesungsunterlagen
2. Lernen der Hausaufgaben
3. Durchgehen bereits vorliegender Prüfungsaufgaben
4. (Bei mündlichen Prüfungen) „Durchspielen" von Prüfungssituationen

Auch bei optimaler Planerfüllung ist die Prüfung allerdings noch nicht bestanden. Wirklich erfolgreich ist das Projekt „Prüfungsvorbereitung" erst mit dem Bestehen der Prüfung, also dem Erreichen von Zielen.

Ein Plan ist eine Vorgabe, er ist

- nie genau,
- veraltet, sobald er fertig ist.

Auch ein falscher Plan ist besser als gar kein Plan, aber bitte beachten Sie: Planbarkeit hat Grenzen! Passen Sie nicht das Projekt dem Plan an! Der Projektplan beantwortet folgende Fragen:

- Was?
  Identifizieren und Beschreiben der Teilprojekte, Arbeitspakete und Aufgaben; Ergebnis ist der Projektstrukturplan.
- Bis wann?
  Beschreiben der Zeitleiste; Resultat ist der Termin- und Meilensteinplan.
- Wer/Wie viel?
  Darstellen, welche Kräfte mit welcher Qualifikation eingesetzt werden sollen, welche Personal- und Sachmittel benötigt werden. Dies wird im Ressourcen- und Kostenplan dokumentiert. Die Projektorganisation beschreibt die Art der Zusammenarbeit.
- Bedingungen?
  Darlegen der technischen und räumlichen Voraussetzungen, Aufführen der bekannten Einschränkungen. Dies wird direkt im Projektplan notiert.

Eine der größten Herausforderungen der Projektplanung ist die ausgewogene Berücksichtigung der drei zentralen Inhalte, die zugleich die entscheidenden Risiken sind, bekannt als „Magisches Dreieck" (Abb. 3.10, vgl. auch [1]):

- Qualität (englisch *quality*)
  Der Projektinhalt, der mit einer bestimmten Qualität erreicht werden soll.

Abb. 3.10 Magisches Dreieck

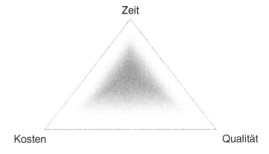

- Kosten (englisch *costs*)
  Der Aufwand in Form von einzusetzenden Ressourcen.
- Zeit (englisch *time*)
  Termin, bis zu dem das Projekt abzuschließen ist.

Man spricht von einem magischen Dreieck, weil die Änderung einer Größe eine andere oder beide anderen Größen beeinflusst.

Wie schon im Abschn. 2.2.3 aufgeführt, arbeiten wir mit Menschen im Projekt. Zu einer guten Planung gehört die gute Kommunikation mit allen Beteiligten, also der Austausch von Informationen. Kommunikation ist eine Voraussetzung für die Entstehung von Projektteams und ermöglicht eine zielorientierte Zusammenarbeit (siehe auch Abschn. 2.3).

Versuchen Sie von Anfang an, die Interessen Ihres Auftraggebers zu ermitteln und diese in die weitere Projektplanung mit einzubeziehen.

Integrieren Sie die zukünftigen Projektmitglieder in Ihre Planung, es macht nicht nur die Planung sicherer, sondern führt auch zu erhöhter Motivation der Beteiligten. Berücksichtigen Sie die persönlichen Ziele und die Erwartungen. Identifizieren sich die Personen mit dem Projekt? Haben die Beteiligten überhaupt Zeit? Binden Sie bei Zeitkonflikten die Vorgesetzten mit ein.

Rechnen Sie mit Änderungen!
Wie in Abschn. 2.1 aufgeführt, gibt es in praktisch jedem Projekt einen kleineren oder auch größeren Umfang an Änderungen der Anforderungen. Diese sind sinnvollerweise im Rahmen eines Änderungsmanagements zu bearbeiten. Vorschlag: Versuchen Sie schon während der Planung Puffer für Anforderungsänderungen einzuplanen, insbesondere bei längeren Projekten. Dies vereinfacht das Änderungsmanagement und es reduziert das Risiko von Zeit- und Kostenüberschreitungen mit nachträglich notwendigen Extra-Beauftragungen und Budgetaufstockungen.

Es ergibt sich grob folgende Reihenfolge in der Planungsphase:

- Projektstrukturplan zusammen mit voraussichtlich beteiligten Projektmitgliedern erstellen (Abschn. 3.2.3)
- Terminplanung mit Festlegen der Meilensteine durchführen (Abschn. 3.2.4)
- Ressourcen und Kosten planen (Abschn. 3.2.5)
- Projektorganisation bestimmen (Abschn. 3.2.6)
- Optimierungen durchführen (Abschn. 3.2.7)
- Projektplan mit dem Auftraggeber abstimmen (Abschn. 3.2.8)

Am Ende der Planungsphase steht der Projekt-Kickoff; dieser ist vorzubereiten, durchzuführen und nachzubereiten. Alle Projektmitarbeiter brauchen Orientierung, kommunizieren Sie daher den Projektplan gut, machen Sie ihn leicht zugänglich und visualisieren sie ihn, zum Beispiel mit einem Poster.

3.2.3 Projektstrukturplan

Was ist ein Projektstrukturplan?

Projektstrukturplan (PSP)

Das englische Synonym lautet: *Work Breakdown Structure (WBS)*. Der PSP ist Teil des Projektplans (Abschn. 3.2.2). Nach DIN 69901-5 ist der PSP die „vollständige hierarchische Darstellung aller Elemente (Teilprojekte, Arbeitspakete) der Projektstruktur als Diagramm oder Liste". Die Darstellung bzw. Gliederung kann erfolgen

- funktionsorientiert
- objektorientiert
- aufgaben-/ablauforientiert
- gemischtorientiert

Der PSP gliedert das Projekt in planbare und kontrollierbare

- Teilprojekte
  Es erfolgt eine regionale, organisatorische oder fachliche Zerlegung.
- Arbeitspakete
  Es handelt sich um eine in sich geschlossene Aufgabenstellung. Bei Bedarf gibt es zusätzliche Ebenen wie Haupt-Arbeitspaket und/oder Unter-Arbeitspaket.
- Aufgaben
  Aufgaben werden typischerweise in Arbeitspaketen aufgeführt.

Warum und wofür braucht man einen Projektstrukturplan?
Der Projektstrukturplan ist eine Grundlage, um

- Verantwortlichkeiten im Projekt zu verteilen,
- den Zeitbedarf und die Projektkosten abzuschätzen,
- das Projekt zu steuern und
- die Projektdokumentation erstellen zu können.

Woraus besteht ein Projektstrukturplan?
Um ein Projekt möglichst einfach, vollständig und übersichtlich erfassen zu können, bietet sich eine Projekt-Strukturierung an, die alle notwendigen Tätigkeiten umfasst, um das Projektziel zu erreichen.

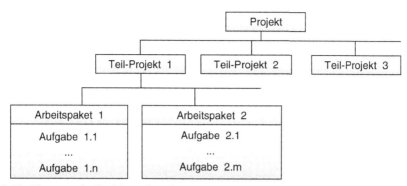

Abb. 3.11 Elemente des Projektstrukturplans

Voraussetzungen für die Projektstrukturierung sind klar definierte Projektziele und Projektanforderungen. Das Ergebnis des Planens einer Projektstruktur ist der Projektstrukturplan. Der PSP gibt eine Übersicht über das Gesamtprojekt, indem dieses hierarchisch gegliedert wird. Ausgehend vom Projekt auf oberster Ebene über eine Zwischenebene mit Teilprojekten ergeben sich auf der untersten Ebene schließlich die Arbeitspakete (vgl. Abb. 3.11):

- Projekt
  Das Projekt ist der oberste Begriff, er leitet sich ab aus dem Projektauftrag und dem darin formulierten Projektziel.
- Teilprojekte
  Nach bestimmten Kriterien wird das Projekt in Teilprojekte gegliedert, ggf. gibt es Teilprojektleiter für die fachliche Steuerung.
- Arbeitspakete
  Arbeitspakete werden üblicherweise nicht weiter aufgegliedert. In der Regel bearbeitet eine Person ein Arbeitspaket, allerdings arbeiten etwa in Forschungsprojekten oft viele Personen in einem Arbeitspaket. Sind Arbeitspakete zu groß, sind zusätzliche Unterteilungen möglich, zum Beispiel:
  - Haupt-Arbeitspaket,
  - Arbeitspaket,
  - Unter-Arbeitspaket.
- Aufgaben
  Je nach Granularität und Dynamik des Projekts werden die Aufgaben im Projekt innerhalb der Arbeitspakete definiert. Die Aufgaben sind als Inhalte in den Arbeitspaketen, etwa in Arbeitspaket-Beschreibungen, aufgeführt und somit die kleinsten Einheiten des Projekts. Sie sind quasi die „Atome (Elementarteilchen) eines Projekts".

Die Qualität des PSP ist abhängig von der vollständigen Beschreibung aller projektrelevanten Objekte und/oder Tätigkeiten und insbesondere der resultierenden Arbeitspakete.

Was müssen Sie bezüglich der Arbeitspakete wissen?

Arbeitspakete sind die untersten Objekte des Projektstrukturplans. Sie sollen eindeutig und prüfbar sein, ohne Widersprüche und Überschneidungen zu anderen Arbeitspaketen. Die zeitliche Abfolge der Arbeitspakete spielt noch keine Rolle, vermeiden Sie daher bei der Projektstrukturierung Diskussionen über die zeitlichen Abläufe.

Ziel für Arbeitspakete ist eine möglichst eindeutige Zuordnung von Kosten, Ressourcen und Zeitaufwand. Der Umfang der Arbeitspakete kann sehr unterschiedlich sein: Von einer einfachen abgeschlossenen Tätigkeit (Design-Vorgabe) bis hin zu einem kompletten Entwicklungsauftrag (Entwickeln eines Web-Shops). Zur besseren Projektübersicht und Darstellung von Zusammenhängen bietet sich eine gleichartige Granularität der Arbeitspakete an. Zu große Arbeitspakete erschweren den Überblick über den Projektfortschritt, zu kleine Arbeitspakete führen zu hohem administrativen Aufwand.

Ein Arbeitspaket umfasst:

- Nennung des Verantwortlichen und ggf. Bearbeiters
  Hier sollte auch jeweils eine Vertretung mit aufgeführt werden.
- Aufgabenbeschreibung
  Inhaltlich detaillierte Beschreibung der Aufgabe, der zu erbringenden Leistungen und des erwarteten Arbeitsergebnisses.
- Abnahmebedingungen
  Wann ist das Arbeitspaket zufriedenstellend bearbeitet? Abnahmebedingungen sind von demjenigen zu definieren, der das Arbeitsergebnis entgegennimmt.
- Bearbeitungsaufwand
  Umfasst die geschätzte benötigte Zeit (am besten vom Bearbeiter selbst zu schätzen).
- Ressourcenbedarf
  Dieser umfasst das einzusetzende Personal, Materialbedarf und ggf. Fremdleistungen sowie erwartete Kosten.
- (Optional) Eindeutige Nummer im PSP
  Eine Nummernsystematik ist gerade in großen Projekten im Rahmen einer besseren und eindeutigen Zuordnung sinnvoll.
- (Optional) Schnittstellen zu anderen Arbeitspaketen
  Um die Zusammenarbeit im Projekt zu optimieren, Reibungsverluste zu vermeiden und die Abhängigkeiten zu verdeutlichen, sollten die Beziehungen zu anderen Arbeitspaketen aufgeführt werden.
- (Optional) Qualitätssicherungsmaßnahmen
- (Optional) Risiken
  Hinweis: Es ist zu überlegen, ob in Arbeitspaketen identifizierte Risiken nicht besser zentral im Projekt-Risikomanagement bearbeitet werden.

Wie strukturiere ich einen Projektstrukturplan?

Die Projektstrukturierung kann nach unterschiedlichen Kriterien erfolgen, entsprechend sind unterschiedliche Gliederungen des PSP möglich:

- Funktionsorientierter PSP
  Damit erfolgt eine Strukturierung nach Tätigkeiten, was eine leichtere Zuordnung zu Funktionsbereichen ermöglicht. Dies bietet sich für Dienstleistungsprojekte wie zum Beispiel eine Firmenfeier oder kulturelle Veranstaltung an, Abb. 3.12 zeigt ein Beispiel.
- Objektorientierter PSP
  Hier werden alle relevanten Gegenstände oder Teile des Projekts aufgeführt wie etwa Hardware, Software, Dokumente etc. Verdeutlicht wird dies als Beispiel in Abb. 3.13. Bei Produkten ist das Ergebnis eine Übersicht der einzelnen Bau- und Bestandteile in Form einer Stückliste.
- Aufgaben-/Ablauforientierter PSP
  Die Darstellung folgt einer zeitlichen Reihenfolge, etwa in einem Entwicklungsprozess mit den Schritten Analysieren, Entwerfen und Implementieren. Abbildung 3.14 zeigt ein Beispiel.
- Gemischtorientierter PSP
  Oft lässt sich eine reine objekt- oder funktionsorientierte Struktur nicht erstellen, daher ergeben sich in der Praxis häufig Mischstrukturen. In Abb. 3.15 erfolgte die Strukturierung in der ersten Ebene nach Abläufen, in der zweiten Ebene teilweise nach Objekten.

Was kann ich mit dem fertigen Projektstrukturplan machen?
Abhängig von der Größe und Komplexität des Projekts leiten sich daraus ab:

- Terminplan (siehe Abschn. 3.2.4)
  Dieser umfasst die Zeitplanung und Meilensteine.
- Ressourcen-/Kostenplan (siehe Abschn. 3.2.5)
  Dieser umfasst Personal- und Sachkosten sowie das benötigte Budget. Dies dient der Aufwandsabschätzung.
- Mitarbeiterbedarf (siehe S. 91)
  Abhängig vom Projekt wird unterschiedliche Fachkompetenz benötigt, die vollständig im Projekt abgebildet sein soll.
- Risikoanalyse
  Aus den Arbeitspaketen können konkrete Risiken abgeleitet werden (siehe Abschn. 2.6).
- Geplante Dokumentation und Kommunikation im Projekt.

Wie erstelle ich einen Projektstrukturplan?
Zum Erstellen eines Projektstrukturplans gibt es zwei Hauptansätze (siehe Abb. 3.16):

- Top down – Deduktives Vorgehen – Vom Allgemeinen zum Einzelnen
  Ausgehend vom Projektziel werden Teilprojekte und abschließend Arbeitspakete erstellt.
  Sinnvoll bei übersichtlichen Projekten.

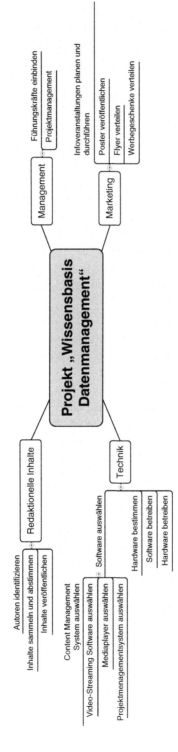

Abb. 3.12 Beispiel für einen funktionsorientierten PSP

Abb. 3.13 Beispiel für einen objektorientierten PSP

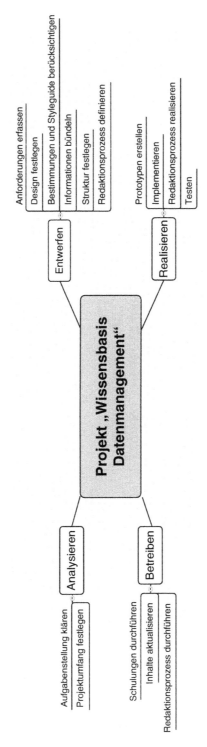

Abb. 3.14 Beispiel für einen ablauforientierten PSP

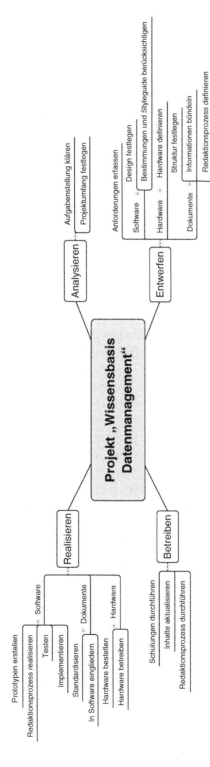

Abb. 3.15 Beispiel für einen gemischtorientierten PSP

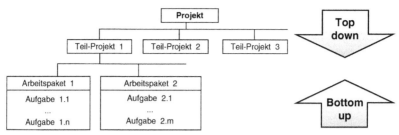

Abb. 3.16 Top Down und Bottom Up

- Bottom up – Induktives Vorgehen – Vom Einzelnen zum Allgemeinen
  Zunächst werden die Arbeitspakete für das Projektziel gesammelt, im Folgeschritt erfolgt die Gruppierung der Arbeitspakete zu den Teilprojekten.
  Empfehlenswert bei schwer überschaubaren Projekten.

Gibt es weitere Tipps zum Projektstrukturplan?
Folgende Hinweise zu Projektstrukturplänen:

- Wiederverwendung bestehender Projektstrukturpläne
  Prüfen Sie, ob Sie auf Projektstrukturpläne ähnlicher Projekte zurückgreifen können.
- Projektstrukturplan im Team erstellen
  Als grundlegende Projektplanungsaktivität erstellen Sie den PSP am besten gemeinsam mit dem gesamten Projektteam bzw. bei größeren Projekten mit dem Kernteam.
  Als Methode bietet sich eine gemeinsame Strukturierung mit Metaplanwand und Moderationskarten an. Dies bietet eine gute Übersicht für alle, des Weiteren können Zuordnungen schnell und flexibel geändert werden.
- Externes Know-how nutzen
  Greifen Sie bei Bedarf auf (projekt-)externes Spezialistenwissen für die Projektstrukturierung zurück.
- Mit Bildern und Grafiken arbeiten
  Visualisieren Sie den gemeinsam erstellten PSP an prominenter Stelle, damit Sie und Ihr Team einen Gesamtüberblick über das Projekt haben.
- Aufwand für den Projekt-Abschluss berücksichtigen
  Oft werden Projektergebnisse im Rahmen der abschließenden Projektaktivitäten übergeben. Dieser Aufwand ist nicht zu unterschätzen und sollte in der Planung berücksichtigt werden (vgl. Abschn. 3.4).
- Regelmäßig den Projektstrukturplan prüfen
  Wichtig ist, dass der PSP über die Gesamtlaufzeit des Projekts aktuell bleibt.
- Den Projektstrukturplan nutzen, um den Projektfortschritt zu messen
  Es gibt Projektmanagement-Software, in welcher Sie den PSP erfassen und Fortschritte im Projekt dokumentieren können, wenn z. B. Arbeitspakete fertiggestellt sind.

So ergibt sich bei regelmäßiger Pflege jeweils ein aktuelles Bild über den Stand des Projekts. Beispielhaft seien MS Project [5], Jira [2] und ProjectLibre [4] genannt.

Abbildung 3.17 zeigt eine Checkliste für den Projektstrukturplan.

3.2.4 Terminplan

Mit dem Terminplan erfolgt die Anordnung der im Projektstrukturplan identifizierten Arbeitspakete zu einem realistischen Projektablauf.

> **Terminplan**
>
> Synonym: *Zeitplan*.
> Der Terminplan ist Teil des Projektplans (Abschn. 3.2.2) und zeigt den zeitlichen Verlauf des Projekts mit Start, Ende und Meilensteinen auf. Er stellt die Dauer der einzelnen Arbeitspakete innerhalb eines Projekts graphisch dar, zum Beispiel in Form von Balken- oder Netzplandiagrammen.

Folgendes Vorgehen ist möglich:

- Festlegung der Reihenfolge der Arbeitspakete
  Die Arbeitspakete werden in eine zeitliche Reihenfolge gebracht.
- Zeitliche Anordnung der Arbeitspakete
  Der Projektleiter legt nach Abstimmung mit den Arbeitspaket-Verantwortlichen in einer Zeitleiste für jedes Arbeitspaket den Start- und Endtermin fest. Das zeitliche Anordnen ist abhängig von der Dauer der Arbeitspakete, Pufferzeiten und Ressourcenverfügbarkeiten. Ebenso sind Abhängigkeiten zur Ressourcen- und Kostenplanung zu berücksichtigen.
- Festlegung der Meilensteine
  Die Start- und Endtermine werden synchronisiert und mit Meilensteinen verknüpft.
- Planüberarbeitung
  Durch zeitliche Abhängigkeiten (Beispiel: Ein Folgearbeitspaket benötigt Arbeitsergebnisse eines anderen Arbeitspakets) und zeitlich beschränkt verfügbare Ressourcen (Beispiel: Teure Werkzeuge) ergeben sich Randbedingungen für den Gesamtprojekt-Zeitplan.

Der Terminplan kann in einer Vorwärtsrechnung vom Projektstart ausgehend oder in einer Rückwärtsrechnung vom Projektende ausgehend erstellt werden.

Checkliste Projektstrukturplan (PSP)

Frage	Ergebnis
1. Vorgehen zum Erstellen des Projektstrukturplans (PSP)	
a. Ist entschieden, welche Methode angewendet wird? Induktiv (Bottom up) oder deduktiv (Top down)?	
b. Wurden alle projektrelevanten Aufgaben vollständig durch die Betroffenen gesammelt?	
c. Erfolgte ein Strukturieren der Aufgaben in Teilprojekte sowie Haupt- und Teilarbeitspakete?	
d. Sind Verantwortlichkeiten vergeben?	
2. Erfolgt die Untergliederung innerhalb des PSP in den unterschiedlichen Ebenen (von Projekt zu Teilprojekt, von Teilprojekt zu Arbeitspaketen) jeweils in ca. fünf bis zehn nachvollziehbare Einheiten?	
3. Gibt es ein Teilprojekt / Arbeitspaket „Projekt management"?	
4. Arbeitspakete	
a. Können die Arbeitspakete Teammitgliedern mit voller Verantwortung zugewiesen werden?	
b. Gibt es für jedes Arbeitspaket einen Verantwortlichen und einen Vertreter (Tandem-Prinzip)?	
c. Gibt es ein Anforderungsprofil mit geforderten Kompetenzen?	
d. Sind die Arbeitspakete ausreichend genau mit erwarteten Ergebnissen und Arbeitsumfängen beschrieben?	
e. Arbeiten im Arbeitspaket weniger als acht Personen mit, um eine überschaubare Granularität zu haben?	
f. Ist der Arbeitsaufwand geringer als ein Monat (etwa 160 Stunden)?	
g. Ist die Bearbeitungsdauer eines Arbeitspakets kürzer als drei Monate?	
h. Entspricht der zeitliche Bedarf für die einzelnen Arbeitspakete dem zeitlichen Projektumfang?	
i. Passen der Projektstrukturplan und der Zeitplan zusammen?	
j. Steht das Kostenvolumen der Arbeitspakete im Verhältnis zu den Gesamtprojektkosten?	
k. Passen der Projektstrukturplan und der Ressourcen- und Kostenplan zusammen?	
5. Ist der Projektstrukturplan (PSP) mit den jeweiligen Projektmitgliedern abgestimmt?	

Abb. 3.17 Checkliste Projektstrukturplan

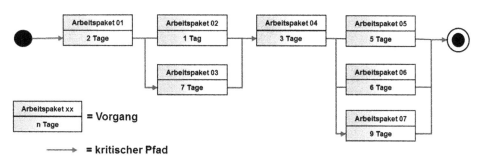

Abb. 3.18 Beispiel für den kritischen Pfad

Die Arbeitspakete, deren Start- und Endtermine sich nicht verschieben lassen, ergeben den kritischen Pfad. Ändern sich Bearbeitungszeiten von Arbeitspaketen im kritischen Pfad, so wirkt sich dies direkt auf die Gesamtprojekt-Zeitdauer aus. Abbildung 3.18 zeigt hierzu ein Beispiel.

Meilenstein/Meilensteinplan

Synonyme: *Freigabe* bzw. *Kundenfreigabe*.

Englische Synonyme: *Stop-or-Go Point, Quality Gate, Review Point*.

Nach DIN 69900 ist ein Meilenstein ein „Ereignis besonderer Bedeutung". Es handelt sich hierbei um die Realisierung von Zwischenzielen mit einem wichtigen Projektergebnis. Meilensteine sind ein wesentlicher Bestandteil des Projektmanagements, insbesondere des Projektcontrollings, und definieren häufig Phasenübergänge.

Ein Meilenstein umfasst

- einen Termin und
- erwartete Ergebnisse mit überprüfbaren Kriterien.

Die Inhalte eines Meilenstein-Plans sind

- Projektstartdatum
- Meilensteintermine
- Projektendedatum

Meilensteine werden anhand wichtiger Ereignisse wie zum Beispiel Go-Live-Termine, Messetermine oder Steuerkreis-Sitzungen ausgerichtet. Sie fassen Endtermine eines oder mehrerer Arbeitspakete zusammen, dies ergibt dann einen Phasenplan. Dieser soll in Abstimmung mit dem Auftraggeber erstellt werden. Aktivitäten aus dem PSP laufen so dann

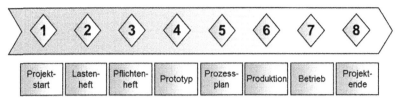

Abb. 3.19 Beispiel für einen Meilensteinplan

Abb. 3.20 Terminplan –
Balkendiagramm

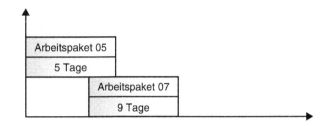

in den Meilensteinen zusammen. Neben den Abnahmekriterien zu den Arbeitspaketen können dann eigene Qualitätskriterien zur Abnahme der Meilensteine definiert werden.

Die Anzahl der Meilensteine soll passend zur Projektgröße und Projektlänge definiert werden. In der Praxis hat sich eine Anzahl von maximal acht bis zehn Meilensteinen bewährt. Abbildung 3.19 zeigt ein Beispiel für einen Meilensteinplan.

Pro Meilenstein gelten im Allgemeinen folgende Schritte:

- Planen
- Durchführen
- Review
- Abschließen

Konkret bedeutet dies für die Meilensteinplanung:

- Der nächste Meilenstein muss inhaltlich ausführlich geplant werden.
- Der übernächste Meilenstein ist terminlich und auf Überschriftenebene zu planen.
- Der Gesamtplan ist anzupassen und zu aktualisieren
  Hier sind Konflikte bzgl. Zeit und Umfang von Meilensteinen aufzudecken und zu klären.

Als Planungstechniken können folgende Methoden zum Einsatz kommen:

- Balkendiagramm (siehe Abb. 3.20)
- Netzplantechnik mit Vorwärts- oder Rückwärtsrechnung
- Meilensteinplanung

Checkliste Terminplan

Frage	Ergebnis
1. Gibt es als Grundlage für den Zeitplan einen Projektstrukturplan (PSP)?	
2. Meilensteine	
a. Ist die Anzahl der Meilensteine passend zur Projektgröße und Projektlänge?	
b. Ist der nächste Meilenstein detailliert geplant, abgestimmt und beschlossen?	
c. Gibt es für den nächsten Meilenstein einen fixen Termin?	
d. Ist der übernächste Meilenstein inhaltlich definiert?	
3. Sind Einflüsse auf den Zeitplan durch andere Projekte berücksichtigt? Erfolgte eine Abstimmung mit anderen Projekten?	
4. Ist der kritische Pfad über Abhängigkeiten und Dauer identifiziert?	
5. Vollständigkeit des Plans	
a. Wurden Weiterbildungs- und Einarbeitungszeiten berücksichtigt?	
b. Wurden Ferien, Urlaubs-, Krankheitszeiten und längere Abwesenheiten berücksichtigt?	
c. Gibt es zeitliche Puffer?	
6. Ist die Zeitplanung innerhalb des Projekts konsistent (Summe der Zeiten der Arbeitspakete zu Gesamtzeitplan)?	
7. Ist der Zeitplan im Projektteam überprüft und abgestimmt worden?	

Abb. 3.21 Checkliste Terminplan

Abbildung 3.21 zeigt eine Checkliste für den Terminplan.

3.2.5 Ressourcen-/Kostenplan

Ressourcenplan

Der Ressourcenplan ist Teil des Projektplans (Abschn. 3.2.2) und beschreibt, welche Personal- und Sachmittel für die Bewältigung des Projekts benötigt werden.

Typischerweise ist die wichtigste Ressource in Projekten das eingesetzte Personal, in Folge ist der größte Teil der Ressourcenplanung die Personalplanung. Bisweilen ist die Ressourcenplanung gleich der Personalplanung, man spricht dann von einem Personal-Ressourcenplan (Synonyme: *Personal-Ressourcenschätzung*, *Personaleinsatzplan*). Dieser basiert auf den Aufwänden jedes Arbeitspakets im Projektstrukturplan.

Kostenplan

Der Kostenplan ist Teil des Projektplans (Abschn. 3.2.2). Nach DIN 69901-5 ist der Kostenplan die „Darstellung der voraussichtlich für das Projekt anfallenden Kosten." Optional ist auch der zeitliche Kostenverlauf Bestandteil des Kostenplans [1].

Das Projekt und natürlich die Projektmitarbeiter benötigen Ressourcen. Mit der Ressourcenplanung wird der Ressourcenbedarf abgeschätzt und geplant. Da für die Ressourcen Budget benötigt wird, erfolgt die Ressourcenplanung normalerweise parallel mit der Kostenplanung.

Ziel der Ressourcen- und Kostenplanung ist die Kalkulation der Gesamtprojektkosten. Speziell in der Matrix-Projektorganisation (siehe hierzu Abschn. 3.2.6) soll mit der Ressourcenplanung geklärt werden, welche Ressourcen in welchem Umfang von der Linienorganisation zur Verfügung gestellt werden können. Die Ressourcen im Unternehmen und speziell im Projekt sollen dabei optimal ausgelastet werden.

Zu unterscheiden sind:

* Sachmittel
  Dies umfasst etwa geeignete Räumlichkeiten, Maschinen, Werkzeuge, IT-Infrastruktur, Büroausstattung, Tools – zum Beispiel Entwicklungsumgebungen, Testwerkzeuge usw.
* Personalmittel
  Für den Projektleiter und jede mitarbeitende Person im Projekt fallen Kosten an. Hier sind unterschiedliche Fähigkeiten mit unterschiedlichen Kosten, externe oder interne Fachkraft, Ressourcen-Engpässe, zeitliche und räumliche Verfügbarkeiten zu beachten. Abhängig von der Art des Projekts und der Projektgröße kann es einen eigenen Personal-Ressourcenplan geben.
* Sonstige Kosten
  Kosten, die sich den Sach- bzw. Personalmitteln nicht zuordnen lassen; bspw. Reisekosten, Aufwendungen für Projekt-Werbematerial usw.

Aus der Praxis der Autoren erfolgt die Kostenabschätzung für ein Projekt basierend auf dem PSP und den dort aufgeführten Arbeitspaketen. Jedes Arbeitspaket gibt entsprechende Planzahlen ab, diese werden für die Teilprojekte zusammengerechnet. Abschließend erfolgt die Kostenabschätzung für das gesamte Projekt.

Entscheidend hierfür ist die Qualität der von den Arbeitspaketen gemeldeten Planzahlen, diese sollten geprüft und bei Bedarf kritisch hinterfragt werden: Sind Ressourcenausfälle (Urlaub, Krankheit, Fort- und Weiterbildung) berücksichtigt? Sind Kommunikationsaufwände für Treffen und Workshops kalkuliert worden? Wurde ein Qualifizierungs- und Einarbeitungsbedarf eingeplant? Sind Qualitätsmaßnahmen wie Reviews und Schulungen beachtet worden?

Darüber hinaus gibt es folgende Verfahren zur Kosten- bzw. Aufwandsschätzung:

- Einfache Schätzung mit Schätzpaketen
- Kostenschätzung nach Phasen mit Personal- oder Sachkosten
- Expertenschätzung
  Bewährt hat sich die Delphi-Methode [8]. Hier werden in einem mehrstufigen Verfahren mehrere Experten konsultiert. Jeder Experte schätzt unabhängig von anderen etwa für Arbeitspakete Aufwände. Die Ergebnisse werden zusammengeführt. Bei großen Unterschieden werden Begründungen für die Abweichungen eingesammelt und die Experten überdenken ihre Schätzungen. Ziel ist das Erreichen eines Konsens in einem Toleranzbereich.
- Vergleich mit ähnlichen Projekten
- Algorithmisches Kostenmodell
  Als Beispiel sei das Constructive Cost Model (COCOMO) von Barry Boehm für IT-Projekte genannt [18]. Es handelt sich hierbei um ein algorithmisches Modell, welches mit Hilfe firmenspezifischer Parameter wie auszuliefernde Codezeilen und Komplexität des Projekts die benötigten Personenmonate und die Projektdauer abschätzt.

Bei den Schätzungen sind Risikozuschläge zu beachten. Bewährt hat sich die Durchführung von Kostenschätzungsworkshops. Bei der Scrum-Methode beispielsweise wird „Planning Poker" zur Aufwandsabschätzung für bestimmte Aufgaben eingesetzt. Die Projektmitglieder schätzen über ein paar Runden mit „Planning Poker-Karten" die Aufwände für bestimmte Aufgaben. Dabei hat jedes Projektmitglied einen gleichen Kartensatz. Jeder wählt verdeckt eine Karte mit dem seiner Meinung nach passenden Aufwand für die zu schätzende Aufgabe. Sobald alle fertig sind, werden gleichzeitig alle Karten aufgedeckt und die Werte verglichen. Bei Unterschieden in Schätzungen erfolgt ein Austausch und eine weitere Schätzrunde. Ziel ist am Ende einen Schätzwert zu bestimmen, der von allen getragen wird. Ein Beispiel zeigt Abb. 3.22.

Der Personal-Ressourcenplan basiert üblicherweise auf den Aufwänden jedes Arbeitspakets im Projektstrukturplan. Diese werden etwa in folgenden Schritten geschätzt:

Abb. 3.22 Beispiel für „Planning Poker"

1. Abschätzen der Arbeitsmenge

   Hierzu wird Erfahrung aus ähnlichen oder vorherigen Projekten benötigt, der Mitarbeiter ist einzubinden.

   Beispiel: Der betroffene Mitarbeiter schätzt 10 Personentage Aufwand.

2. Abschätzen des Ausmaßes, mit dem ein Mitarbeiter am Projekt arbeiten kann.

   Beispiel: Aufgrund weiterer Verpflichtungen kann der Mitarbeiter zu 25 % seiner Verfügbarkeit an dem Projekt mitarbeiten.

3. Der tatsächliche Gesamtbedarf ergibt sich durch Division der Arbeitsmenge durch die Arbeitsintensität.

   Beispiel: Ergebnis ist (10 Tage / 25 % =) 40 Tage Gesamtdauer.

4. Anpassen der Gesamtdauer

   Kann die Arbeit gut und ohne zusätzliche Aufwände aufgeteilt werden, ist eine einfache Anpassung der Gesamtdauer über die Anzahl der gleichzeitig verfügbaren Projektmitarbeiter möglich. Zu beachten ist aber, dass Aufgaben nicht beliebig teilbar sind.

   Beispiel: Ohne Berücksichtigung erhöhten Einarbeitungsaufwands, zusätzlichen Kommunikationsbedarfs etc. ergeben sich bei 2 Projektmitarbeitern

   (40 Tage / 2 =) 20 Tage Gesamtdauer.

Ein Vorgehensvorschlag für die Personalplanung lautet:

- Ermitteln des Personalbedarfs
- Ermitteln der zur Verfügung stehenden Kapazität
- Vergleich von Kapazität und Bedarf
- Kapazitätsausgleich bzw. Kapazitäts-, Termin- und Kostenoptimierung

Abbildung 3.23 zeigt eine Checkliste für den Ressourcen- und Kostenplan.

3.2.6   Projektorganisation

Projektorganisation

DIN 69901 beschreibt die Projektorganisation als die „Gesamtheit der Organisationseinheiten und der aufbau- und ablauforganisatorischen Regelungen zur Abwicklung eines bestimmten Projekts".

Mögliche Organisationsformen (die am meisten verbreiteten sind **fett** hervorgehoben) sind:

(Fortsetzung)

Checkliste Ressourcen- und Kostenplan

Frage	Ergebnis
1. Gibt es als Grundlage für den Ressourcen- und Kostenplan einen Projektstrukturplan (PSP)?	
2. Für welchen Zeitraum gilt die Ressourcen- und Kostenplanung?	
3. Ist klar, wann Soll-Ist-Vergleiche und wann Aktualisierungen geplant sind?	
4. Aufwände in den Arbeitspaketen	
a. Ist notwendige Kommunikation für Treffen und Workshops berücksichtigt?	
b. Ist Qualifizierungs- und Einarbeitungsbedarf, z. B. für Hospitanzen geplant?	
c. Ist auch berücksichtigt, dass ein Projektmitglied ggf. neue Mitarbeiter im Projekt einarbeitet?	
d. Wurden Qualitätsmaßnahmen wie Schulungen, Aufbereitung bzw. Überarbeitung eigener Arbeitsergebnisse, Reviewaktivitäten und Lessons learned beachtet?	
5. Aufwandsabschätzungen	
a. Sind die Aufwände von den betroffenen Projektmitgliedern geschätzt worden?	
b. Gibt es Expertenschätzungen, z. B. aus einem systematischen Schätz-Workshop?	
c. Gibt es Erfahrungen aus ähnlichen Projekten, die genutzt werden können?	
d. Werden Aufwandsschätzverfahren wie zum Beispiel COCOMO eingesetzt?	
6. Personalplanung	
a. Gibt es einen Personalbeschaffungsplan (für externes oder internes Personal)?	
b. Haben Führungskräfte der Freistellung der im Projekt ggf. nur teilweise benötigten Personen zugestimmt?	
c. Gibt es einen Plan, wann welche Projektmitglieder für welchen Zeitraum im Projekt eingesetzt werden?	
d. Ist die Kapazitätsauslastung gut verteilt?	
e. Ist sichergestellt, dass langfristig die Auslastung pro Person etwa 80 % beträgt und wenn, dann nur kurzfristig 100 % übersteigt?	
f. Gibt es Reserven für Personalausfälle?	
g. Wurde die Belastung durch andere Projekte und Linienarbeit berücksichtigt?	
7. Gibt es eine Raumplanung, gibt es genügend Arbeitsplätze, Besprechungsräume, Rechner, Büromaterial; sind Vorlaufzeiten zu beachten?	
8. Gibt es für alle benötigten Ressourcen Zusagen?	
9. Gibt es Reserven für Risiken?	
10. Ist die Kostenplanung innerhalb des Projekts konsistent (Summe der Kosten der Arbeitspakete zu Gesamtprojektkosten, Abgleich der Kostenarten, Konten)?	

Abb. 3.23 Checkliste Ressourcen- und Kostenplan

- Linienprojektorganisation (nach Bereichen, Abteilungen)
- **Einfluss-Projektorganisation**
  Synonyme sind: *Einfluss-Projektmanagement, Projektkoordination, Stablinien-Projektorganisation* oder *Stabs-Projektorganisation*.
- **Matrix-Projektorganisation**
  Als Synonym ist auch *Matrix-Projektmanagement* bekannt.
- **Reine Projektorganisation**
  Synonyme hierfür sind *Reines Projektmanagement* oder *Task-Force*.
- Projektgesellschaft

Die Projektorganisation umfasst:

- Rollen wie Auftraggeber, Projektleiter, Controller usw.
- Gremien wie Steuerkreis, Kernteam, Projektteam, erweitertes Projektteam oder Facharbeitskreise.
- Organisatorische Regelungen wie ein Projekthandbuch.
- Organigramm des Projekts mit Aufzeigen der Berichts- und Entscheidungswege.

Die oben aufgeführten Formen der Projektorganisation zeichnen sich wie folgt aus:

- Linienprojektorganisation
  Hier hat das Projektmanagement relativ geringe Bedeutung. Das Projekt wird in einer gegebenen Organisationsstruktur abgearbeitet, die Linienarbeit hat aber Vorrang. Vorteilhaft ist der bessere Zugriff auf die Projektmitarbeiter. Risiko ist, dass die gegebene Hierarchie mit ihren Stärken und Schwächen erhalten bleibt.
- Einfluss-Projektorganisation
  In dieser Organisationsform bleiben die Projektmitarbeiter in der Linienorganisation. Der Projektleiter hat keinen direkten Zugriff auf das Projektteam, sondern berät und vermittelt zwischen den beteiligten Abteilungen. Da er direkt an die Unternehmensleitung berichtet, hat er dadurch trotzdem großen Einfluss auf das Projekt.
- Matrix-Projektorganisation
  Dies ist eine Mischform zwischen reiner Projektorganisation und Projektkoordination. Verantwortung und Befugnisse sind zwischen Projektleiter und den beteiligten Linienfunktionen aufgeteilt. Projektmitarbeiter sind für einen gewissen Anteil im Projekt, bleiben aber zumindest personell in der Linienorganisation verankert. Vorteilhaft ist die mögliche bessere Bewältigung von Auslastungsschwankungen. Risiken stellen aber mögliche Konflikte wegen unklarer Verantwortlichkeiten bei Doppelunterstellungen oder widersprüchliche Anforderungen aus Linien- und Projektorganisation dar.

- Reine Projektorganisation
  Für die Projektdauer werden die beteiligten Mitarbeiter vollständig einer selbstständigen Organisationseinheit zugeordnet und sind nicht mehr in der Linienorganisation. Vorteilhaft ist, dass alle relevanten Ressourcen für die Erreichung der Projektziele zur Verfügung stehen.
- Projektgesellschaft
  Der Unternehmenszweck ist ein Projekt.

Die Wahl der Projektorganisationsform hängt ab von der Größe und der Art des Projekts, der Unternehmenskultur, den verfügbaren Ressourcen und der Dringlichkeit. Bei den Projektorganisationsformen spielt es in den jeweiligen Unternehmen eine Rolle, wie sehr das Projekt in der Linienorganisation eingebunden ist. Je weniger, desto unabhängiger kann ein Projekt agieren.

Die Projektorganisation umfasst alle Organisationseinheiten und Regelungen zur Abwicklung eines Projekts. Sie beschreibt, welche Rollen es im Projekt gibt und wie die Rollen im Projekt zueinander in Beziehung stehen. Jeder Rolle werden Aufgaben, Kompetenzen und Verantwortung (AKV) zugeordnet und schließlich konkrete Projektmitarbeiter.

Projektrollen und -gremien

Die typischerweise wichtigsten Rollen und Gremien im Projekt sind:

- Auftraggeber
  Er ist die oberste Entscheidungsinstanz im Projekt und stellt dem Projektleiter die benötigten Ressourcen zur Verfügung. Der Auftraggeber hat die wichtigste Rolle.
- Projektleiter, Synonym: *Projektmanager*
  Der Projektleiter ist gesamtverantwortlich für die Erreichung der gegenüber dem Auftraggeber zugesagten Projektziele.
- Projektteam, Synonym: *Projektkreis*
  Die Mitglieder des Projektteams verantworten gegenüber dem Projektleiter die Erledigung der inhaltlichen Arbeit des Projekts.
- Steuerkreis, Synonyme: *Entscheiderkreis, Lenkungsausschuss, Projektausschuss* oder *Review Board*
  Sind mehrere Organisationen von einem Projekt betroffen, entsenden diese jeweils Vertreter in einen Steuerkreis. Organisatorisch empfiehlt es sich, dass der Projektleiter dem Steuerkreis berichtet und ausschließlich der Steuerkreis gegenüber dem Projektleiter weisungsbefugt ist.

ID	Aufgaben	Rollen → Auftraggeber	Projektleiter	Projektmitglied1	Projektmitglied2	Projektmitglied3	Externer Berater
1	Projektauftrag formulieren	C	R				
2	Projektauftrag unterschreiben	A	A	I	I	I	
3	Situationsanalyse	I	A	R			
4	Projektorganisation und -optimierung	I	A	I	I	I	C
5	Arbeitspaket 1		A			R	C
6	Arbeitspaket 2		A		C		R

R = Responsible - verantwortlich für die Durchführung
A = Accountable - rechtlich verantwortlich
C = Consulted - beratend
I = Informed - wird informiert

Abb. 3.24 Beispiel für eine RACI Matrix

Gerade in größeren Projekten gibt es eine zusätzliche Rolle Projektbüro (PMO für Project Management Office). Diese Rolle unterstützt im Projekt den Projektleiter, nach Vereinbarung aber auch Projektmitglieder, hauptsächlich administrativ. Abbildung 3.24 zeigt, wie mit Hilfe einer RACI-Matrix eine Übersicht über Aufgaben und Verantwortlichkeiten der Rollen im Projekt darstellbar ist.

Die Projektorganisation stellt dar, wer an wen berichtet und wer welches Ergebnis abnimmt. Folgendes Prinzip sollte in der Projektorganisation gelten (siehe auch Abb. 3.25):

- Entscheidungen Top Down[1]
  Steuerkreis ⇒ Projektleiter ⇒ Teilprojektleiter ⇒ Projektmitarbeiter
- Berichte Bottom Up
  Steuerkreis ⇐ Projektleiter ⇐ Teilprojektleiter ⇐ Projektmitarbeiter

Folgende Hinweise zur Strukturierung und zum Aufbau des Projekts:

- Handhabbare Teilprojekte
  Abhängig von der Größe und Komplexität des Projekts empfiehlt sich das Bilden mehrerer fachlicher Teilprojekte mit entsprechenden Teilprojektleitern für die fachliche Steuerung, nach Bedarf in mehreren Ebenen. Gliedern Sie Ihr Projekt so, dass jedes Teilteam maximal sieben Personen umfasst.
- Soziale Mischung
  Aus den Projekterfahrungen der Autoren ergibt sich: Je heterogener ein Team ist,

---

[1]Bzgl. Entscheidungskultur siehe auch Abschn. 2.2.4

desto leistungsfähiger. Daher empfehlen wir Ihnen, dass Sie folgende Konstellationen zusammenbringen:

- – Weiblich und männlich
- – Alt und jung (erfahren und neue Ideen)
- – Unterschiedliche Nationalitäten
- • Zusammenführen unterschiedlicher Kompetenzen
  Versuchen Sie breites Wissen in die Teams zu bringen:
  - – Technisches Wissen/kaufmännisches Wissen
  - – Methodenwissen/Fachwissen
  - – Generalisten/Experten
  - – Praktiker/Theoretiker
- • Ressourcenzuordnung für Projektmitarbeiter
  Vor allem in Mischorganisationen kann es zu einem Ressourcenkonflikt kommen, wenn Projektmitarbeiter „Diener zweier Herren" sind, weil sie neben ihrer Projektarbeit noch eine Linienfunktion zu erfüllen haben. In diesem Fall empfehlen sich verbindliche Vereinbarungen, etwa wie viel der wöchentlichen Arbeitszeit für die Projektarbeit aufgewendet werden soll.
- • Teamübergreifende Tandems bilden
  Je besser die Menschen in einem Projekt zusammenarbeiten, desto erfolgreicher das Projekt. Mit der intensiven Zusammenarbeit zweier Projektmitarbeiter in Tandems kann die Arbeitseffizienz erhöht werden. Bspw. könnte ein Projektmitglied eine Arbeit durchführen, während ein anderes gleichzeitig reviewt mit anschließendem Rollentausch. Die Tandems sollten regelmäßig immer wieder neu gebildet werden, so ergibt sich eine gute Zusammenarbeit im Projektteam. Zur Verdeutlichung siehe auch Abb. 2.4.
- • Verbindungen in die Linie etablieren
  Gerade in Matrix-Projektorganisationen kommen die Projektmitarbeiter aus der Linie. Hier lohnt es sich, viele Bereiche des Unternehmens mit einzubinden, um einen möglichst großen Zugriff auf Unternehmens-Know-how zu haben.

Ein Projektorganigramm (Beispiel in Abb. 3.25) zeigt die Projektrollen, die Beziehungen der Projektrollen zueinander und darüber hinaus optional die Kommunikationswege im Projekt. Darüber hinaus kann es die unterschiedlichen Sitzungen und deren Häufigkeit aufführen.

Abbildung 3.26 zeigt eine Checkliste für die Projektorganisation.

3.2.7 Planoptimierung

Während des Planungsprozesses gibt es immer wieder neue Informationen, die zu berücksichtigen sind. Es kann auch Wechselwirkungen geben: Ressourcen, die nur zu bestimmten Zeiten verfügbar sind, führen zu anderen Terminplanungen. Es empfiehlt sich

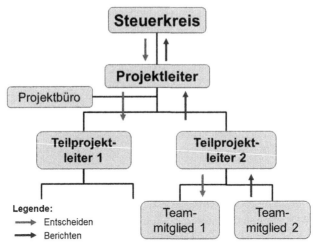

Abb. 3.25 Organigramm mit Entscheidungs- und Berichtswegen

eine iterative Vorgehensweise und immer wieder Optimierungs-Schritte durchzuführen, um dem „idealen Plan" näherzukommen.

Es gibt folgende Optimierungsmöglichkeiten:

* Ressourcen
  - Urlaubs-/Abwesenheitsplanung
    Die Planung sollte so erfolgen, dass die Verfügbarkeit für das Projekt optimiert wird. Zu berücksichtigen sind etwa Linienaufgaben, Aufgaben in weiteren Projekten oder Fehlzeiten, etwa wegen Urlaub oder Weiterbildungsmaßnahmen.
  - Belastungsausgleich
    Überlastungen von Projektmitarbeitern sind zu vermeiden.
* Termine
  - Nutzen der Netzplantechnik
    Eine Planoptimierung kann mit der Netzplantechnik erreicht werden – der hiermit ermittelte zeitlich kritische Pfad zeigt die kürzestmögliche Dauer.
  - Pufferplanung
    Zeitliche Puffer sind zu berücksichtigen, ebenso Risikozuschläge bei den Terminen.
* Kosten
  Auch wenn die Kostenschätzungen nicht mehr gesenkt werden können, so gibt es doch auch hier eine sinnvolle Vorgehensweise im Projekt:
  - Kostenintensive Arbeitspakete später starten
  - Risikoreiche Arbeitspakete früher starten
    Dies ergibt den Vorteil, dass man während der Projektdurchführung prüfen kann, wie valide die Schätzungen sind, um diese bei Bedarf zu korrigieren. Darüber hinaus versucht man, die auflaufenden Projektkosten zu minimieren, wenn erkennbar ist, dass das Projekt scheitert.

Checkliste Projektorganisation

Frage	Ergebnis
1. Kennen alle Projektmitarbeiter den Auftraggeber?	
2. Ist eindeutig, wer Projektleiter ist?	
3. Projektteam	
a. Ist allen klar, wer alles zum Projektteam gehört?	
b. Sind die Aufgaben und Rollen aller Teammitglieder gemeinsam definiert und auch von allen akzeptiert?	
c. Werden Stärken und Schwächen im Team ausgeglichen?	
4. Projektmitarbeiter	
a. Insbesondere bei einer Matrixprojektorganisation: Sind Projektziele und die Einbindung der Mitarbeiter im Projekt mit deren Führungskräften abgesprochen?	
b. Sind alle Projektmitarbeiter motiviert? Decken sich ihre Ziele mit denen des Projekts?	
c. Sind alle Fähigkeiten der Projektmitarbeiter bekannt?	
d. Passen die Fähigkeiten der Projektmitarbeiter zu den Bedürfnissen im Projekt?	
e. Falls Fähigkeiten für das Projekt fehlen: Ist klar, wie die benötigten Kenntnisse aufgebaut bzw. wie diese durch externe Unterstützung ergänzt werden?	
f. Sind die Aufgaben im Projekt klar?	
g. Kann jeder Projektmitarbeiter die Zeit für seine Aufgaben aufbringen?	
h. Hat jeder Projektmitarbeiter für seine Aufgaben die entsprechenden Kompetenzen? Wurden ggf. Trainingsmaßnahmen eingeleitet?	

Abb. 3.26 Checkliste Projektorganisation

Auch nach dem Abschluss der Planung müssen während der Steuerungsphase immer wieder die Pläne geprüft und nach Bedarf korrigiert werden, um zu verhindern, dass man versucht, im Projekt veraltete Pläne zu erfüllen.

3.2.8 Planabstimmung

Nachdem der gesamte Projektplan die entsprechende Reife erreicht hat, ist die Abstimmung mit wichtigen Stakeholdern anzustreben. Zum Beispiel in der Matrix-Projektorganisation ist die Kommunikation mit den Vorgesetzten der Projektmitarbeiter über deren Arbeitseinsatz im Projekt besonders wichtig.

Abschließend muss der Plan mit dem Auftraggeber abgestimmt werden. Je nach Projektorganisation ist auch der Steuerkreis mit einzubinden. Es empfiehlt sich, auch vorher schon Zwischenversionen des Plans vorzustellen, um ggf. auf Verbesserungsvorschläge, zusätzliche Risiken oder Kritik reagieren und den Plan ändern zu können oder einen Kompromiss zu finden.

3.2.9 Projekt-Kickoff

Nach Abschluss der Projektplanungsarbeiten ist der Projekt-Kickoff ein wesentlicher Bestandteil erfolgreicher Projekte. Ziele des Kickoffs sind:

- Vermittlung des Projektziels
- Information über den Projektplan
- Motivation
  - Das Projekt ist wichtig und die Entscheidungsträger unterstützen das Projekt.
  - Die Projektmitarbeiter lernen sich gegenseitig kennen.
  - Gemeinschaftsgefühl: So kann es gehen!
- Start frei: Konflikte sind gelöst, kritische Punkte sind geklärt.

Nehmen Sie sich in jedem Fall genügend Zeit für einen gelungenen Projekt-Kickoff. Er sollte besonders gut geplant sein. Falls Sie hier falsch sparen, rächt sich dies in der Regel im weiteren Verlauf des Projekts.

Beim Projekt-Kickoff soll das komplette Projektteam dabei sein. Die Vorgesetzten der Projektmitarbeiter sollen ebenfalls mit teilnehmen – sie müssen ihre Mitarbeiter für das Projekt freistellen und deswegen sehr gut über das Projekt informiert sein. Je politischer das Projekt, desto wichtiger ist dieser Aspekt. Sie sollten hier konsequent sein: Fehlen zum Kickoff zu viele Vorgesetzte, sagen Sie das Treffen ab! Geben Sie eine Rückmeldung an den Auftraggeber und klären Sie das weitere Vorgehen.

Bei großen Projekten kann der Projekt-Kickoff aufgeteilt werden: Zunächst erfolgt eine Projekteröffnungsbesprechung und dann der eigentliche Projekt-Kickoff mit dem Auftraggeber. Es ist auch möglich, den Projekt-Kickoff auf das Kernteam (max. acht bis zehn Personen) zu beschränken. Ggf. ist zwischen einem internen Kickoff und externen Kickoff zu unterscheiden, wenn etwa mehrere Firmen zusammenarbeiten.

Das erste Treffen bietet Ihnen bereits eine Gelegenheit, die Grundlage für eine erfolgreiche Teamarbeit zu legen. Die Projektmitglieder können sich gegenseitig kennenlernen, Vertrauen schaffen, Ziele und Erwartungen abstimmen sowie eine gemeinsame Vorgehensweise im Projekt verabschieden.

Gelingt es Ihnen, die einzelnen Teammitglieder persönlich einzubinden, können Sie das kreative und konstruktive Potential des Projektteams wecken. Schon durch eine gute Planung des Veranstaltungsorts, zum Beispiel extern, können Sie Störungen und Ablenkungen der Teilnehmer verhindern. Der Projekt-Kickoff gibt Ihnen die Gelegenheit, alle

Beteiligten frühzeitig für das Projekt zu begeistern, die Voraussetzungen für einen guten Projektverlauf zu schaffen und eine konstruktive Zusammenarbeit zu erreichen.

Tagesordnungspunkte des Kickoff-Meetings können sein:

- Vorstellungsrunde
- Offizielle Projekteröffnung mit dem Auftraggeber
  Vorstellen der Vorgeschichte und des Status des Projekts, Darstellung der zukünftigen Zusammenarbeit mit dem Auftraggeber.
- Ziele des Projekts: Warum gibt es das Projekt und das Projektteam?
- Darstellen der Ergebnisse der Planung:
  - Projektstrukturplan
  - Terminplan mit Meilensteinen
  - Kostenplan
  - Darstellung der Risiken
- Vorstellen der Projektorganisation, der Projektmitarbeiter mit deren Aufgaben und Verantwortung
- Darlegen der Spielregeln im Projekt
- Kommunikation
  Darstellen, wie im Projekt kommuniziert wird, bspw. regelmäßige Projekt- und Entscheider-Besprechungen, Status-Meldungen, Reviews.
- Dokumentation
  - Vereinbarungen über die Dokumentation im Projekt wie Terminkalender, Berichtswesen und Protokolle.
  - Festlegen des Dokumentenmanagements: Beschreiben, wo die Projektdaten hinterlegt werden, zum Beispiel: Dokumentenmanagementsystem, gemeinsames Laufwerk.
- Qualität
  Beschreiben der Projekt-Qualitätsziele und wie diese erreicht werden sollen.
- Werkzeuge
  Bitte mit Spiegelstrichen aufzählen
  - Vorstellen der eingesetzten Tools.
  - Darstellen des Änderungsmanagements.
- Ausblick
  - Vorstellen des nächsten Meilensteins im Detail.
  - Vorstellen des übernächsten Meilensteins im Groben.

Abhängig von der Projektgröße dauert ein Kickoff mehrere Stunden oder Tage. Ein mehrtägiger Kickoff kann sinnvoll sein, wenn beispielsweise erste inhaltliche Arbeiten geleistet werden, etwa die Koordinierung der nächsten Schritte im Arbeitspaket. Eine externe Moderation empfiehlt sich umso mehr, je größer das Projekt ist.

3.2.10 Checkliste

Abbildung 3.27 zeigt eine Checkliste für die Planungsphase.

3.3   Realisierungsphase

„Der Schlüssel zum Glück liegt im Handeln, nicht in Worten."
*Louis R. Hughes (*1949)*

Synonyme für die Realisierungsphase sind *Abwicklungsphase* oder *Durchführungsphase*.

Dieser Abschnitt beschreibt, wie mit Hilfe von Meilensteinen, eines sinnvollen Controllings sowie entsprechenden Status- und Zwischenberichten ein Projekt gesteuert werden kann. Hier hat sich die Ampellogik als einfaches, aber wirkungsvolles Instrument bewährt.

Nach dem Durcharbeiten dieses Abschnitts haben Sie gelernt, wie Sie erfolgreich ein gut geplantes Projekt durchführen und steuern können.

3.3.1   Ziel/Ergebnisse

Ziel der Realisierungsphase ist das Erreichen der definierten Projektziele. Von diesen Projektzielen ist auch das erreichte Ergebnis abhängig: Es kann eine Dienstleistung, ein Produkt, ein Dokument oder Ähnliches sein. Das Scope Management stellt sicher, dass sich alle Projektaktivitäten auf die Umsetzung der Aufgaben aus dem Projektstrukturplan fokussieren.

Das Ziel ist mit der erfolgreichen Abnahme des Projekts durch den Auftraggeber erreicht. Bei technischen Projekten kann dies die Übergabe des entwickelten Produkts an den Systembetrieb sein. Abstrakt zusammengefasst ergibt sich als Ergebnis:

• Projekterfolg
• Teilweiser Projekterfolg
• Projektabbruch

3.3.2   Zusammenfassung der Aufgaben

Um das Projekt erfolgreich durchzuführen, sind folgende Aufgaben zu erfüllen:

• Projektcontrolling durchführen
  Damit wird das Erreichen der wirtschaftlichen Projektziele gesichert.

Checkliste Planungsphase

Frage	Ergebnis
1. Projektziel	
a. Ist jedem das Projektziel inkl. Teilprojektziele klar?	
b. Kann jeder optimal seine Fähigkeiten zur Erreichung des Projektziels einsetzen?	
2. Projektplan	
a. Gibt es alle notwendigen Pläne (Projektstruktur-, Termin-, Ressourcen- und Kostenpläne)?	
b. Ist jeweils der (zeitliche) Abgleich der Pläne sichergestellt?	
c. Ist die Dokumentation des Projektplans ausreichend umfangreich?	
d. Ist der Projektplan verständlich in Form einer Präsentation, einer Liste, eines Balkendiagramms o. ä. dargestellt?	
e. Ist der Projektplan mit dem Projektteam abgestimmt und gemeinsam beschlossen worden?	
f. Wurde der Projektplan kommuniziert und ist er für alle Projektmitglieder zugänglich?	
g. Weiß jeder Betroffene, wann was mit welchem Ergebnis durch wen zu tun ist?	
h. Ist sichergestellt, dass der Projektplan regelmäßig aktualisiert wird? Wann gibt es die nächste Version?	
i. Sind die Dauer und die Kosten der Planungsphase dokumentiert?	
3. Ist die Projektorganisation klar?	
4. Sind Aspekte der Projektkultur beachtet?	
5. Projektkommunikation	
a. Ist die Projektkommunikation geregelt, gibt es einen Kommunikationsplan?	
b. Ist die Kommunikation im Projekt soweit sichergestellt, dass alle Projektmitglieder die Informationen erhalten, die sie benötigen?	
6. Projektmarketing	
a. Ist die Zuständigkeit für das Projektmarketing geregelt?	
b. Sind Projektmarketing-Aktivitäten definiert?	
7. Sind unternehmensweite Vorgaben wie beispielsweise Corporate Identity und die Verwendung unternehmensspezifischer Vorlagen erfüllt?	

Abb. 3.27   Checkliste Planungsphase

- Arbeitspakete erledigen
  Die Aufgaben sollen im vereinbarten Zeitrahmen mit den zur Verfügung gestellten Ressourcen fertiggestellt werden.
- Planung (Termine, Arbeitspakete) aktualisieren
  Laufend sind die Termine und Arbeitspakete anzupassen.
- Steuerung bei Abweichungen
  Durch Abweichungen im Projekt können neue Aufgaben entstehen oder bestehende Aufgaben sich ändern. Diese müssen entsprechend im Projekt verteilt werden. Das kann durch den Projektleiter selbst erfolgen oder er delegiert dies entsprechend, etwa an die Teilprojektleiter.

Anspruchsvoll ist das Meilenstein-Management (siehe Abschn. 3.3.3). Zentraler Aspekt des Projektmanagements ist die laufende Kommunikation (siehe Abschn. 2.3), gerade auch mit dem Hintergrundwissen, dass Projekte wegen schlechter Kommunikation scheitern können.

Die geregelte Kommunikation sollte mindestens umfassen:

- Regelmäßige Treffen mit dem Auftraggeber
- Regelmäßige Projektmeetings
- Treffen zwischen den Arbeitsgruppen
- Regelmäßige Treffen mit den Projektmitgliedern, bei Bedarf in Einzelgesprächen

3.3.3 Meilensteine

Abbildung 3.28 zeigt, dass die Gliederung der Realisierungsphase für jeden Meilenstein-Zyklus im Prinzip wieder ein Projekt im Kleinen darstellt. Das heißt, das Vorgehen von Meilenstein zu Meilenstein entspricht jeweils dem Vorgehen in einem Projekt mit Strategie, Planung, Steuerung und Abschluss.

Während der Meilenstein-Zyklen fokussiert man sich auf die dem jeweiligen Meilenstein zugeordneten Ziele. Die in diesem Buch dazu vorgestellten Phaseninhalte sind zu prüfen und üblicherweise nur eingeschränkt nach Bedarf zu nutzen. In der Strategiephase für einen Meilenstein etwa sollte geklärt werden, ob der bisherige Projektauftrag noch weiterhin gültig ist, wenn sich beispielsweise die Rahmenbedingungen geändert haben. Für die Planung eines Meilensteins wird kein separater Projektstrukturplan nötig sein und auch keine zusätzliche Projektorganisation. Es können sich aber eventuell neue Arbeitspakete, geänderte Arbeitspaketinhalte oder Terminverschiebungen für Arbeitspakete ergeben.

Zu beachten ist die mögliche Überlappung – parallel zu Realisierungsarbeiten für den nächsten Meilenstein können schon strategische/planerische Aktivitäten für den Folge-Meilenstein durchgeführt werden.

Das Meilenstein-Management umfasst:

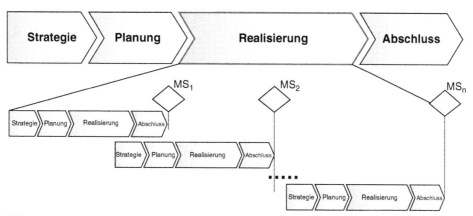

Abb. 3.28 Realisierungsphase mit Meilensteinen

- Meilenstein-Sitzungen sind vorzubereiten.
- Es ist sicherzustellen, dass zum jeweiligen Meilensteintermin die geplanten Arbeitsergebnisse oder der entsprechende Status vorliegen.
- Die Meilenstein-Sitzungen sind durchzuführen.
- Nacharbeiten wie Protokollieren sowie das Erfüllen eigener und das Überwachen fremder Aufgaben aus den Meilenstein-Sitzungen sind jeweils zu organisieren.

Meilenstein-Sitzungen finden gewöhnlich am Meilensteintermin selbst statt; in Ausnahmefällen auch kurz davor oder kurz danach. Folgende Inhalte werden normalerweise behandelt:

- Umfassende Information und Darstellen des aktuellen Stands an Projektbeteiligte, insbesondere an den Steuerkreis.
- Abnahme der Teilerfolge, Meilenstein-Ergebnisse nach Vorstellung und Review. Es ist auch möglich, dass es bzgl. eines Arbeitsergebnisses Aktualisierungs- oder Nachbesserungsbedarf gibt. Sind dies größere Umfänge, ist das Arbeitsergebnis in einem weiteren Folgetermin wieder vorzustellen.

In agilen Projekten hat sich bewährt, nach dem Abschluss eines Meilensteins die detaillierte Planung des nächsten Meilensteins durchzuführen bzw. anzupassen. Der übernächste Meilenstein ist terminlich und auf Überschriften-Ebene zu planen.

Allgemein sind nach Abschluss einen Meilensteins Konflikte bzgl. Zeit und Umfang der Meilensteine aufzudecken und zu klären. Anschließend ist der Gesamtplan anzupassen und zu aktualisieren.

3.3.4 Projektcontrolling

„Alles messen, was messbar ist – und messbar machen, was noch nicht messbar ist."
Galileo Galilei (1564–1642)

Projektcontrolling

Projektcontrolling bedeutet nach DIN 69901 die „Sicherung des Erreichens der wirtschaftlichen Projektziele". Nach DIN 69904 umfasst „Controlling" die „Prozesse und Regeln, die innerhalb des Projektmanagements zur Sicherung des Erreichens der Projektziele beitragen".

Das Projektcontrolling umfasst:

- Soll-Ist-Vergleich mit Ursachenanalysen, wenn Abweichungen aufgetreten sind, insbesondere bzgl. Budget und verbrauchter Ressourcen.
- Bewerten der Konsequenzen von neuen Erkenntnissen und den Projektverlauf beeinflussenden Ereignissen (positiven und negativen).
- Entwickeln, Planen, Durchführen und Kontrolle der Durchführung von (Korrektur-) Maßnahmen.
- Aktualisierung der Planung und Analyse des weiteren Projektverlaufs.

Das Projektcontrolling setzt sich aus folgenden drei Aspekten zusammen:

- Projektkontrolle (*Vergangenheit des Projekts*)
  Zunächst ist festzustellen, in welcher Lage sich das Projekt befindet. Ist das Projekt noch im Plan? Was wurde bisher erreicht? Aktuell auftretende Schwierigkeiten sind sichtbar zu machen und zu analysieren. Welche Ursachen gibt es für die Schwierigkeiten wie etwa Verzögerungen oder erhöhten Ressourcenverbrauch? Gibt es Hinweise auf systematische Probleme, die behoben werden müssen? Welche Konsequenzen haben diese Schwierigkeiten?
- Projektsteuerung (*Gegenwart des Projekts*)
  In die aktuelle Projektsituation ist bei Bedarf steuernd einzugreifen. Auftretende Probleme sind zu analysieren und zu bewältigen, Entscheidungen zu treffen.
- Trendanalyse (*Zukunft des Projekts*)
  Wie ist der weitere Projektverlauf? Bei Bedarf sind Maßnahmen zu ergreifen wie etwa die Änderung von Zielen oder das Anpassen der Zeitleiste.

Ziele des Projektcontrollings sind:

- Immer den aktuellen Erfüllungsgrad und die anstehenden Restaufwände kennen.
- Gut arbeiten und dafür sorgen, dass alle Projektmitglieder gut arbeiten können.
- Immer einen aktuellen Plan haben.

Oft wird der Projektleiter durch einen Projektcontroller unterstützt. Dieser begleitet, etwa als externer Profi, optimalerweise das Projekt von Anfang an. Seine wesentlichen Aufgaben sind die Analyse und das Berichten über die Projektsituation sowie das Bewerten des Projekts und das Einleiten von Gegenmaßnahmen bei Bedarf. Dafür benötigt er soziale Kompetenz und Erfahrung, um im Team angemessen agieren zu können sowie Methodenkompetenz für ein strukturiertes Vorgehen.

3.3.5 Projektkontrolle

Die Projektkontrolle ist die Voraussetzung für eine effiziente Projektsteuerung. Vereinfacht lässt sich die Idee der Projektkontrolle zusammenfassen zu folgender Frage:

Was wollen wir, wo stehen wir?

Es empfiehlt sich ein regelmäßiger Soll-Ist-Vergleich, zum Beispiel einmal im Monat oder zu Meilensteinen.

Im Rahmen von Scrum gibt es mit Daily Scrums ein tägliches Treffen von maximal 15 Minuten Dauer, um einen Austausch im Team zu ermöglichen. Daran angelehnt ist die Einführung eines täglichen fixen kurzen Termins zu überlegen. So könnte ein Projektleiter täglich zu einem Regeltermin einladen, um sich mit seinem Team auszutauschen. Jeder Projektmitarbeiter gibt eine Rückmeldung:

1. Was habe ich seit dem letzten Treffen erledigt?
2. Was plane ich bis zum nächsten Treffen zu tun?
3. Welche Schwierigkeiten gibt es? Wo brauche ich Unterstützung?

Gerade der dritte Punkt gibt Verantwortlichen die Gelegenheit, frühzeitig auf Probleme einzugehen und diese im besten Fall kurzfristig zu beseitigen. Die Projektkontrolle umfasst:

- Soll-Ist-Vergleich
  Dafür gibt es zum Beispiel folgende Möglichkeiten:
  - Verwenden von Projektkennzahlen
  - Sachfortschritt – Inhaltliche Fortschrittskontrolle, an Projektzielen orientiert
  - Terminkontrolle – basierend auf der Terminplanung
  - Kostenkontrolle – basierend auf der Kostenplanung

- Darstellung des Projektfortschritts
  Es empfehlen sich Status- bzw. Zwischenberichte.
- Meilenstein-Management
  Im Rahmen von Meilensteinen bzw. Quality Gate-Reviews wird intensiv über den aktuellen Projektstatus reflektiert. Rechtzeitig vor dem Meilenstein werden die Projektmitarbeiter informiert und gebeten, die Arbeitsergebnisse entsprechend aufzubereiten. Die Meilenstein-Sitzung wird vorbereitet, durchgeführt und protokolliert. Anschließend sind fällige Nacharbeiten und identifizierte Aufgaben durchzuführen bzw. deren Erfüllung zu verfolgen.
- Einbinden von Änderungsanforderungen (Synonym: *Change Requests*)
  Abschn. 2.1.4 bespricht den Umgang mit Änderungen von Anforderungen im Projekt. Es empfiehlt sich, die wichtigsten zu einem Meilensteintermin zu sammeln und aufzubereiten, wenn sie großen Einfluss auf den weiteren Projektverlauf nehmen können. Diese können dann gezielt besprochen und es kann über das weitere Vorgehen entschieden werden.

Sachfortschritt

Die größte Herausforderung in der Projektkontrolle bezüglich Soll-Ist-Vergleiche ist die inhaltliche Fortschrittskontrolle, um den Sachfortschritt messen zu können. Es ist sowohl die wichtigste als auch die schwierigste Kontrollaufgabe. Wie kann der Fertigstellungsgrad eines Arbeitspakets festgestellt werden? Das Messen des Fertigstellungsgrades mit Prozentzahlen ist tückisch und gefährlich. Bekannt ist die „90 %-Falle": Zu einem bestimmten Zeitpunkt glaubt ein Projektmitarbeiter, schon 90 % des Projektergebnisses erreicht zu haben. Dies erklärt sich dadurch, dass der Lösungsweg bekannt ist, aber „Unvorhergesehenes" eben nicht. Damit ergeben sich häufig trotz des klaren Lösungswegs noch hohe Aufwände, da Störungen und nicht berücksichtigte Probleme die Umsetzung verzögern. Daher ist gerade bei unerfahrenen Projektmitarbeitern die Aufwandseinschätzung kritisch zu hinterfragen und gegebenenfalls deutlich zu erhöhen.

Ohne fachliches Know-how ist eine Messung des Fachfortschritts kaum möglich, zu unterschiedlich sind die jeweiligen Projekte. Da sich dieses Buch generell mit dem Thema Projektmanagement auseinandersetzt, ist hier ein Eingehen auf die unterschiedlichen fachlichen Belange und möglichen Messgrößen verschiedener Projekte nicht möglich.

Die jeweiligen projektspezifischen fachlichen Fähigkeiten muss ein Projektleiter mitbringen. Es ist Fachwissen notwendig, damit die Fortschrittskontrolle basierend auf fachlichen Fakten erfolgen kann.

Vorgehensvorschlag:

- Gemeinsam mit dem Verantwortlichen Messgrößen und Kriterien definieren.
- Mit Reifegraden (Status-Angaben) Qualität des aktuellen Standes beurteilen.
- Im einfachsten Fall nur die Status „In Bearbeitung" und „Fertiggestellt" nutzen.

Abb. 3.29 Ampellogik

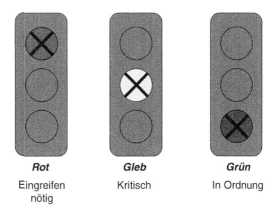

| **Rot** | **Gleb** | **Grün** |
| Eingreifen nötig | Kritisch | In Ordnung |

Darstellung des Projektfortschritts

Die Darstellung des Projektfortschritts erfolgt üblicherweise mit Statusberichten, am besten regelmäßig alle zwei bis vier Wochen, abhängig von der Priorität/Kritikalität, Größe und Dauer des Projekts. Die Statusberichte sollen sich auf die Projektziele beziehen und den aktuellen Erfüllungsgrad präsentieren. Sie dienen einerseits der Information für den Auftraggeber, andererseits der Absicherung für das Projektteam: Was haben wir bisher erreicht? Sind wir noch auf dem richtigen Weg? Neben dem Soll-Ist-Vergleich, etwa in Form von Projektkennzahlen, erfolgt häufig eine einfache Farbdarstellung mit der Ampellogik (Abb. 3.29):

- Ampelfarbe **Rot**: Eingreifen nötig
  Es bestehen ernsthafte Schwierigkeiten, eine Eskalation an die nächste Verantwortungsstufe ist erforderlich.
- Ampelfarbe **Gelb**: Kritisch
  Es bestehen Probleme, die aber innerhalb der betroffenen Organisationseinheit gelöst werden können.
- Ampelfarbe **Grün**: In Ordnung
  Alles ist im Plan, eventuell aufgetretene Probleme können innerhalb der normalen Arbeitsabläufe gelöst werden.

Diese Ampellogik kann in allen Ebenen des Projekts eingesetzt werden: Für das Projekt selbst, die Teilprojekte und die Arbeitspakete.

3.3.6 Projektsteuerung

Die Projektsteuerung ist neben der Projektplanung die zentrale Aufgabe des Projektmanagements. Eine gute Projektsteuerung gewährleistet, dass das Projekt wie geplant

durchgeführt wird. Der Ablauf des Projekts soll möglichst effektiv (das Ziel wird erreicht) und effizient (mit optimalem Einsatz von Zeit und Ressourcen) erfolgen.
Die Projektsteuerung umfasst:

- Feststellen des Projektabschlusses oder Beantragen des Projektabbruchs
  Wesentliches Ziel ist natürlich ein erfolgreicher Projektabschluss. Aber auch wenn ein Projekt abgebrochen werden muss, ist dieses die hehre Aufgabe eines Projektleiters, dies ehrlicherweise einzugestehen und entsprechend einen Projektabbruch zu beantragen (siehe Abschn. 2.2.7).
- Abnahme von (Teil-)ergebnissen der Arbeitspakete
  Arbeitspakete als zentrale Einheiten im Projekt sind vom Projektleiter zu überblicken und zu betreuen. Ziel ist die Abnahme der Ergebnisse der Arbeitspakete. Darüber hinaus startet, begleitet (etwa bei Änderungen) und beendet der Projektleiter die Arbeitspakete.
- Darstellen von Ergebnissen und des Status, Präsentationen
  Dies ist ein Teil der Projektkommunikation und hilft, das Projekt gut darzustellen und den Beteiligten die Erfolge aufzuzeigen. Damit kann die Projektkultur positiv beeinflusst werden. Mindestumfang sind die im Berichtszeitraum durchgeführten Tätigkeiten und erzielten Ergebnisse sowie die nächsten geplanten Aktivitäten.
  Ergeben sich Planänderungen, sind diese aufzuzeigen und rational zu begründen. Sinnvoll ist, dass Planänderungen vorab ausgearbeitet werden und Konsequenzen für das Projekt transparent sind. Ggf. ergeben sich durch notwendige Planänderungen Folgeaktivitäten bzgl. Planabstimmung und -optimierung.
- Konfliktmanagement bei Störungen
  Wichtig ist es, Konflikte so früh wie möglich anzugehen, sich mit den Konfliktbeteiligten auseinanderzusetzen und eine Lösung zu erarbeiten. Es soll deutlich Persönliches von Fachlichem getrennt werden. Hilfreich ist es, die Gemeinsamkeiten und die Konflikte klar zu benennen. Bei den Konflikten sollten die unterschiedlichen Standpunkte aufgezeigt sowie die Unterschiede mit den jeweiligen Vor- und Nachteilen herausgearbeitet werden. Der Projektleiter sollte dann, wenn nötig, eine Entscheidung treffen. Definierte Eskalationswege sind zu beachten. Abhängig von der Projektorganisation kann der Linienvorgesetzte in die Konfliktklärung mit eingebunden werden. Bei Bedarf ist externe Hilfe anzufordern.
- Änderungsmanagement
  Synonym: *Change Management*
  Änderungswünsche während der Durchführung können erheblichen Einfluss auf ein Projekt haben. Ein Projekt steht nicht alleine für sich, sondern hat Wechselwirkungen mit dem Umfeld. Diese sind umso intensiver, je größer ein Projekt ist und ja länger es dauert. Ändern sich maßgebliche Parameter im Umfeld, muss ein Projekt flexibel reagieren können: Änderungen fallen an. Diese Änderungen sind legitim und sind professionell in einem Änderungsmanagement unter Verantwortung der Projektleiters zu

bearbeiten. Vor allem der Auftraggeber benötigt Transparenz über die Konsequenzen: Ergeben Änderungswünsche zusätzliche Kosten, Verzögerungen oder eine zusätzliche Komplexität?

- Risikomanagement
  Der Projektleiter soll regelmäßig die Risiken sichten und entsprechende Maßnahmen treffen. Wichtig ist es, rechtzeitig unbekannte Risiken zu identifizieren (siehe auch Abschn. 2.6).
- Sicherstellen der Kommunikation
  Wie schon mehrfach erwähnt, ist die Kommunikation mit die wichtigste Aufgabe des Projektleiters über die gesamte Dauer des Projekts (siehe auch Abschn. 2.3).
- Führen der Projektmitarbeiter
  Das Führen von Projektmitarbeitern unterscheidet sich vom Führen von Mitarbeitern in der Linienorganisation. Ein Projektleiter gibt fachliche Vorgaben, hat aber in der Regel keine Weisungsbefugnis. Abhängig von der Projektorganisation und der Unternehmenskultur ist der Projektleiter aber oft legitimiert, fachliche Vorgaben zu machen und den Mitarbeitern zu sagen, welche Aufgaben sie im Projekt bearbeiten. Bewährt hat sich eine Führung mit Zielen, die aus Arbeitspaketen stammen.
- Beantragen/Begleiten des Projektreviews
  Ein regelmäßiges Projektreview kann helfen, rechtzeitig einer Krisensituation vorzubeugen, aber auch sicherzustellen, dass das Projekt auf „einem guten Weg ist". Es kann etwa von der internen Revision erfolgen, oft hilft auch ein Blick von außen mit Hilfe eines externen Auditors (siehe auch S. 41). Bei langjährigen Projekten empfiehlt sich ein regelmäßiges Review mindestens einmal im Jahr.

3.3.7 Trendanalyse

Aufgabe des Projektleiters ist nicht nur, die aktuelle Situation im Projekt festzustellen und zu analysieren sowie das Projekt zu steuern, sondern auch der Ausblick in die Zukunft. Es ist beispielsweise wichtig festzustellen, ob das Projekt noch wie geplant verlaufen kann oder die Planung anzupassen ist. Hier hilft die Trendanalyse mit folgendem Inhalt:

- Vorhersage Projektverlauf
  Diese berücksichtigt Erkenntnisse im Projekt und umfasst die Kommunikation derselben sowie die Suche nach Lösungsmöglichkeiten mit entsprechendem Beschluss.
- Laufende Aktualisierung und Korrektur des Projektplans als Reaktion auf projektstörende Ereignisse und neue Erkenntnisse
  Hierbei handelt es sich um einen fortlaufenden Prozess.

Die Meilensteintrendanalyse (MTA) ist eine Spezialform der Trendanalyse, welche auf dem Meilensteinplan aufbaut. Ziel ist es, den Projektfortschritt zu überwachen und

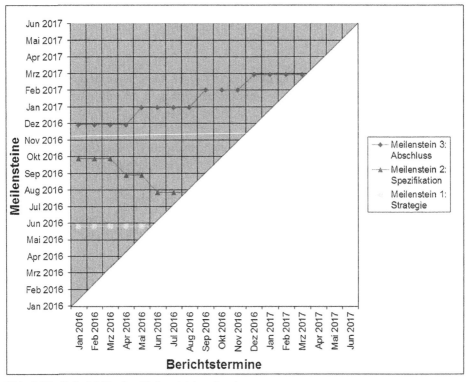

Abb. 3.30 Beispiel für eine Meilensteintrendanalyse

so Terminverzögerungen frühzeitig erkennen zu können. Basierend auf dem Meilensteinplan werden regelmäßig die Terminvereinbarungen und der aktuelle Stand der
Arbeitsergebnisse überprüft.

Ein Beispiel zeigt Abb. 3.30 mit Berichtsterminen auf der x-Achse und entsprechenden
Meilensteinterminen auf der y-Achse.
Im Januar 2016 (x-Achse) gibt es folgende Plantermine:

- Meilenstein 1 **Strategie**: Juni 2016
- Meilenstein 2 **Spezifikation**: Oktober 2016
- Meilenstein 3 **Abschluss**: Dezember 2016

Der Verlauf der Meilensteine kann wie folgt interpretiert werden:

- Meilenstein 1 **Strategie** (untere Linie, beginnend Juni 2016): Der Verlauf der Meilensteintermin-Reihe ist ideal. Die Terminschätzungen wurden fortlaufend bestätigt und
  der geplante Termin eingehalten.

- Meilenstein 2 **Spezifikation** (mittlere Linie, beginnend Oktober 2016): Der Verlauf der Meilensteintermin-Reihe fällt. Möglich ist, dass zu viel Puffer geplant wurde, der Meilenstein wird früher erreicht als geplant.
- Meilenstein 3 **Abschluss** (obere Linie, beginnend Dezember 2016): Dieser Meilensteinverlauf zeigt eine zu optimistische Terminplanung. Der ursprünglich vorgesehene Termin konnte nicht gehalten und musste mehrfach nach hinten verschoben werden.

In regelmäßigen Treffen mit Verantwortlichen und Beteiligten wird zu den Meilensteinen der Status berichtet, am besten innerhalb der Meilenstein-Treffen selbst.

3.3.8 Checkliste

Abbildung 3.31 zeigt eine Checkliste für die Realisierungsphase.

3.4 Abschlussphase

„Der Ausgang gibt den Taten ihre Titel."
Johann Wolfgang von Goethe (1749–1832)

Dieser Abschnitt beschreibt die finalen Aktivitäten im Projekt: Den Projektabschluss. Am wichtigsten ist die Übergabe des Projektergebnisses mit der Abnahme durch den Auftraggeber, welche auch anteilig erfolgen kann. Abschlussaktivitäten beschäftigen sich mit der Ergebnissicherung und der (schrittweisen) Auflösung des Projektteams.

3.4.1 Ziel/Ergebnisse

Projektabschluss
Der Projektabschluss ist nach DIN 69901-5 das „formale Ende eines Projekts" und bedeutet die „Beendigung aller Tätigkeiten, die mit dem Projekt in Zusammenhang stehen". Der Projektabschluss ist das fachliche und administrative Ende eines Projekts.

Am Ende der Abschlussphase eines erfolgreichen Projekts steht die Entlastung des Projektteams mit Abnahme des Projektergebnisses. Die Tätigkeiten und Ergebnisse des Projekts sind in einem Abschlussbericht dokumentiert. Abschließend erfolgt die Auflösung des Projektteams und die Freigabe der Ressourcen.

Checkliste Realisierungsphase

Frage	Ergebnis
1. Regelmäßige Betrachtung im Hinblick auf Ziele bzw. Zielerreichung	
a. Wird geprüft, welche (Teil-)Ziele bereits erreicht wurden?	
b. Sind Maßnahmen definiert, wenn (Teil-)Ziele noch nicht erreicht wurden?	
c. Dienen alle aktuellen Projektaktivitäten der Zielerreichung?	
2. Nächste Projektaktivitäten	
Sind die Arbeiten bis zum nächsten Meilenstein und die Ziele des übernächsten Meilensteins klar?	
3. Projektstatus – Ist das Projekt noch „in budget", „in time" und „in quality"?	
a. Was ist der aktuelle Projektstatus, insbesondere bzgl. der Meilensteine?	
b. Gibt es Soll-Ist-Vergleiche bzgl. Struktur, Dauer und Kosten des Projekts?	
c. Gibt es eine Projektdokumentation mit Projektfortschrittsberichten, Protokollen sowie mit Beschlüssen und Vereinbarungen?	
4. Arbeiten im Projekt	
a. Kann jedes Teammitglied seine Aufgabe erfolgreich fertigstellen?	
b. Werden anstehende Probleme bearbeitet, ggf. eskaliert?	
c. Wie werden Arbeitsergebnisse geprüft und gesichert?	
d. Erfolgen projektspezifische Trainings- bzw. Weiterbildungsaktivitäten?	
5. Projektkommunikation	
a. Sind alle Stakeholder ausreichend eingebunden oder informiert?	
b. Gibt es regelmäßige Projektstatusmeetings, die protokolliert werden?	
6. Projektteam/Projektkultur	
a. Gibt es Aktivitäten bei Zugängen und Abgängen von Projektmitgliedern?	
b. Gibt es Teamentwicklungsaktivitäten für eine Verbesserung der Projektkultur?	
7. Regelmäßiges Risikomanagement	
a. Erfolgt das Identifizieren und Bearbeiten neuer und bekannter Risiken?	
b. Werden vorhandene Risiken mit dem Auftraggeber und dem Projektteam durchgesprochen, Maßnahmen ergriffen und geprüft?	
c. Werden Risikoeintrittswahrscheinlichkeiten und -auswirkungen aktualisiert?	
8. Regelmäßiges Projektmarketing	
a. Werden Projektmarketing-Aktivitäten durchgeführt?	
b. Gibt es Informationen nach außen, etwa zu anderen Abteilungen und Kunden?	

Abb. 3.31 Checkliste Realisierungsphase

3.4.2 Abnahme

Der Ablauf der Abnahme kann in vier Phasen unterteilt werden:

1. Präsentation des Projektergebnisses
   Dem Auftraggeber wird das Projektergebnis vorgestellt. Er erhält – abhängig von der
   Art des Projekts:
   - Produkt
   - Produktdokumentation
   - Abschlussbericht
     Dieser enthält das Wichtigste zum Projekt:
     - Projektauftrag
     - Management Summary
       Was wurde erreicht? Wie wurde das Projekt geplant und durchgeführt?
     - Projektergebnis
       · In welchem Umfang wurde das Ziel erreicht?
       · Welche Lösungswege wurden verfolgt?
       · Was für ein Aufwand (Zeit, Kosten bzw. Ressourcen) wurde benötigt?
   Eine Vorlage für einen Projektabschlussbericht finden Sie in Abschn. 5 auf S. 152.
2. Entlastung
   Der Auftraggeber unterzeichnet den Abschlussbericht und erteilt damit die formelle
   Entlastung des Projekts. Der Auftraggeber bestätigt:
   - Erreichungsgrad des Ziels
   - Abgelieferte Qualität
   - Höhe der Kosten
   - Benötigte Zeit
   Ggf. erteilt der Auftraggeber eine anteilige Entlastung und es werden Nachbesserungen,
   jeweils mit Verantwortlichkeiten und Zieldatum, vereinbart.
3. Übergabe des Projektergebnisses
   Die Art der Übergabe und an wen übergeben wird, ist abhängig vom Projekt und
   Projektergebnis. Dies können sogar eigene (Teil-)projekte sein, die noch während der
   Projektdurchführung behandelt werden müssen. Denkbar sind folgende Übergabesze-
   narien:
   - Übergabe an Service/Betrieb
     … mit Integration, Anpassungen, Einweisung der Hotline, Schulung von Mitarbei-
     tern, Erstellen/Übergabe eines Betriebshandbuchs etc.
   - Übergabe an Linienorganisation
     Eine eigene Abteilung kümmert sich um den Betrieb und die Weiterentwicklung.
   - Migration
     Migration von Daten vom Altsystem in das Neusystem.

- Übergabe an ein Einführungs-Projekt
  Gerade in einer größeren Organisation kann es bei Hunderten Betroffenen notwendig sein, die Einführung schrittweise über einen längeren Zeitraum zu planen und durchzuführen mit:
  - Pilotphase
  - Schrittweise Erweiterung des Nutzerkreises
  - Rollout/Echtbetrieb: Vollständige Inbetriebnahme
4. Nachphase
  Es ist zu klären: Wer ist Ansprechpartner für Projektthemen nach Projektabschluss? Beispiel: Probleme mit Fehlern in der Software, die erst beim Kunden nach der Freigabe entdeckt werden. Ideen hierzu sind:
- Schrittweises „Herunterfahren" des Projekts mit Erhalt einer immer kleiner werdenden Projektmannschaft.
- Definition eines Nachfolgeprojekts aus passenden Projektmitgliedern.

3.4.3   Abschlussdokumentation und Erfahrungssicherung

Ein Projekt ist mit der Abnahme durch den Auftraggeber erfolgreich beendet. Trotzdem gibt es noch wichtige Dinge zu tun, um für die Zukunft zu lernen. Ein Feedback hilft, die positiven und negativen Aspekte des Projekts zu reflektieren.

Ergebnisse der Abschlussphase sind:

- Lessons-Learned-Workshop/Feedback
  In einer Reflektion sollte mit dem Auftraggeber und dem Projektteam erarbeitet werden, was im Projekt gut lief und was in zukünftigen Projekten besser gemacht werden sollte. Dies kann in einem oder getrennten Meetings erfolgen. Jeder Projektbeteiligte sollte Rückmeldung geben, was er gelernt hat und welche positiven und negativen Erfahrungen gemacht wurden.
- Abschlussbericht
  Ein Projektabschlussbericht ist hilfreich für weitere Projekte im Unternehmen, die aufgenommenen „Lessons learned" sind Grundlage einer lernenden Organisation.
- Abschlusspräsentation aus dem Abschlussbericht
  Diese Präsentation enthält eine Zusammenfassung mit Projektinhalten sowie die wichtigsten Erkenntnisse aus dem Lessons-Learned-Workshop.
- Abschlusstreffen
  Mögliche Agenda:
  - Vorstellen der Abschlusspräsentation
  - Darstellen des weiteren Vorgehens
  - Übergabe der Abschlussdokumentation an den Auftraggeber

- Hinterlegen der Abschlussdokumentation in einer Unternehmens-Wissensbasis
Ziel soll eine systematische Sicherung der im Projekt gemachten Erfahrungen sein. Jeder (zukünftige) Projektleiter sollte Zugang zu dieser Wissensbasis erhalten. Hierbei sollten die gescheiterten Projekte mit berücksichtigt werden, weil aus ihnen viel zu lernen ist.

3.4.4 Auflösung

Ein Projekt zeichnet sich durch einen Anfang und ein eindeutiges Ende aus. Mit Abschluss des Projekts beenden der Projektleiter und das Projektteam ihre Tätigkeiten, die Gremien werden aufgelöst. Es erfolgt eine Freigabe der Projektressourcen, beispielsweise für andere neue Projekte. In der Regel werden hierbei die Ressourcen schrittweise abgebaut. Bestimmte Projektmitarbeiter kümmern sich noch um mögliche Folgeprojekte. In IT-Projekten begleitet etwa noch ein Teil des Projektteams den Übergang in den Betrieb.

Spätestens zu diesem Zeitpunkt, wenn noch nicht erfolgt, sollte die Ergebnissicherung durchgeführt werden. Einen guten emotionalen Abschluss bietet ein schönes Fest (Abb. 3.32)! Finale betriebswirtschaftliche Aktivität ist das Schließen der Projektkostenstelle.

3.4.5 Ausblick

Es bietet sich bei Projektende an, auch über den Tellerrand hinauszuschauen. Wie könnte ein sinnvolles Folgeprojekt aussehen? Was ist möglich, um das Projektergebnis zu erweitern oder weiter zu verbessern? Wenn zum Beispiel ein Produkt im Markt eingeführt wird, bieten sich als mögliche Folgeprojekte an:

- Finanzdienstleistungen für den Erwerb des Produkts (Finanzierung, Leasing)
- Service für das Produkt (Wartung, Reparatur)

Oft entwickelt sich in Projekten eine gute Zusammenarbeit zwischen den Projektmitgliedern. Sinnvoll ist es, ein eingespieltes Team zu erhalten („Never change a winning team"). So kann man versuchen, das gesamte Team einem neuen Projekt zuzuordnen, um Synergieeffekte zu nutzen.

3.4.6 Checkliste

Abbildung 3.33 zeigt eine Checkliste für die Abschlussphase.

Abb. 3.32 Projektabschluss

3.5   Zusammenfassung

Ein Projekt kann in Projektphasen unterteilt werden. Es gibt in der Literatur und unternehmensspezifisch verschiedene Strukturierungsmöglichkeiten mit unterschiedlichen Benennungen. Für dieses Buch sind folgende vier praxisorientierte Phasen definiert:

- Strategiephase
  Die Strategiephase beginnt mit einer Situations- und Umfeldanalyse, um die Rahmenbedingungen für ein durchzuführendes Projekt zu ermitteln. Wird ein Projekt dann konkret, erfolgt die Definition von Projektzielen. Erste Lösungsansätze vervollständigen die Grundlagen für einen Projektauftrag. Der Projektauftrag steht für den Start eines Projekts. Abhängig von der Größe und der Art des Projekts fallen die Erstellung eines Lasten- und Pflichtenheftes an.
- Planungsphase
  Die Projektplanung ist eine wesentliche Aufgabe des Projektleiters. Ergebnis der Projektplanung ist der Projektplan, welcher weitere Pläne umfasst. Wichtigste Pläne sind der Projektstrukturplan (PSP) und darauf aufbauend der Terminplan inklusive Meilensteinplan sowie der Ressourcen- und Kostenplan. Aufgabe der Projektorganisation ist es, eine möglichst optimale Struktur im Zusammenspiel mit der Linienorganisation für eine erfolgreiche Projektumsetzung zu finden. Entsprechende Rollen und Gremien sind zu definieren.
- Realisierungsphase
  Die Projektsteuerung ist eine weitere wesentliche Aufgabe des Projektleiters. Im Vordergrund steht die Organisation der Abnahme von Zwischen-Meilensteinen, des Projektabschlusses oder – wenn notwendig – vorher des Projektabbruchs. Weitere Schwerpunkte sind das Sicherstellen der Kommunikation im Projekt und mit den Stakeholdern sowie Aktivitäten bei Störungen im Projektablauf. Basierend auf dem Meilensteinplan können mit der Meilensteintrendanalyse der Projektfortschritt kontrolliert und mögliche Terminschwierigkeiten erkannt werden.

Checkliste Abschlussphase

Frage	Ergebnis
1. Projektabnahme	
a. Hat der Auftraggeber das Projekt abgenommen? Bei einer Teilabnahme bzw. notwendigen Nachbesserungen: Sind Maßnahmen mit Verantwortlichkeiten und Terminen definiert?	
b. Sind die Projektergebnisse mit Projektdokumentation übergeben?	
c. Ist das Projekt entlastet?	
2. Projektdokumentation	
a. Liegt ein Abnahmeprotokoll vor?	
b. Gibt es einen Projektabschlussbericht inkl. aller noch offenen Punkte?	
c. Sind die Dauer und Kosten (Abschlussrechnung) von der Strategie- bis zur Abschlussphase mit Soll-Ist-Vergleich (Zeit, Kosten, Ressourcen) hinterlegt?	
d. Ist dokumentiert, wie das Projekt aufgesetzt wurde?	
3. Abschluss-Meeting	
a. Gibt es ein Feedback des Auftraggebers und des Projektteams?	
b. Wurde ein Projekt-Review / -Lessons learned durchgeführt?	
c. Ist dokumentiert, was im Projekt gut lief, welche vermeidbaren Fehler es gab und was zukünftig besser laufen sollte?	
4. Gab es einen emotionalen Abschluss mit Auflösung des Projekts, z. B. ein Fest?	
5. Projektauflösung	
a. Erfolgte eine Freigabe der Mitarbeiter, etwa mit Transfer in andere Projekte oder zurück in die Abteilungen?	
b. Sind Arbeitsverträge oder Verträge mit Partnern gekündigt worden?	
c. Wurde die Kostenstelle geschlossen?	
d. Ist der finale Abschluss kommuniziert?	
6. Nachprojektphase	
a. Gibt es Vereinbarungen, beispielsweise für inhaltliche Restarbeiten?	
b. Wer ist für die weitere Betreuung bzw. Umsetzung verantwortlich?	
c. Ist die Übergabe an die Linie, Fachabteilung oder den Betrieb geregelt?	
d. Gibt es entsprechende Dokumente wie zum Beispiel ein Betriebshandbuch?	
e. Gibt es sinnvolle Folgeprojekte?	
7. Ist der Projekt-Know-how-Transfer geregelt, etwa mit Eintrag in einer Projekt-Datenbank, um für zukünftige Projekte Empfehlungen zu Projektstruktur, Projektdurchführung etc. abzugeben?	

Abb. 3.33 Checkliste Abschlussphase

- Abschlussphase

  In dieser Phase erfolgt der Projektabschluss, zentraler Punkt ist die Abnahme des Projekts durch den Auftraggeber. In einer Nachphase erfolgen finale Arbeiten, Übergaben und zum Ende das Freigeben der Ressourcen. Lessons Learned und eine Abschlussdokumentation sichern das erworbene Wissen für zukünftige Projekte.

Aufgaben

3.1. Projektziele

(a) Was verstehen Sie unter einer Zieldefinition?

(b) Zieloperationalisierung: Was umfasst eine Zielbeschreibung?

(c) Warum sind Projektziele wichtig?

(d) Auf was sollten Sie bei der Beschreibung der Ziele auf jeden Fall achten?

(e) Welche Methoden können Sie für das Finden von Projektzielen einsetzen?

3.2. Umfeldanalyse

(a) Welche Methoden können Sie für die Umfeldanalyse einsetzen?

(b) Was sind mögliche Probleme in der Umfeldanalyse?

(c) Was ist der Unterschied zwischen der Umfeldanalyse und der Risikoanalyse?

3.3. Meilensteine

(a) Was ist ein Meilenstein?

(b) Warum sind in einem Projekt Meilensteine notwendig?

3.4. Projektplan

Was sind die wichtigsten im Projektplan zusammengefassten Pläne?
Erläutern Sie diese kurz.

3.5. Projektstrukturplan (PSP)

Warum und wofür wird ein Projektstrukturplan benötigt?

3.6. Projektstrukturplan (PSP) – Beurteilung

(a) Welche Vorteile bietet ein PSP?

(b) Was sind die Grenzen des PSP?

3.7. Ressourcen-/Kostenplan

Was ist der Nutzen eines Ressourcen- und Kostenplans?

3.8. Projektorganisation

(a) Listen Sie die Ihnen bekannten Organisationsformen auf.

(b) Welche Fragen sollte ein Projektorganigramm beantworten?

3.9. Projektorganisation – Beurteilung

(a) Ist eine Linienorganisation für die Durchführung eines Projekts geeignet?

(b) Was sind die Vorteile einer Projektorganisation?

3.10. Projektcontrolling

(a) Was verstehen Sie unter Projektcontrolling?

(b) Was setzt das Projektcontrolling voraus und was umfasst es?

Literatur

1. Angermeier, Georg. 2016. Projektmanagement-Glossar des Projekt Magazins. https://www. projektmagazin.de/glossar/. Zugegriffen am 01.02.2016.
2. Atlassian. 2016. Jira. https://de.atlassian.com/software/jira. Zugegriffen am 01.02.2016.
3. Controlling-Portal.de. 2016. Die Nutzwertanalyse. http://www.controllingportal.de/Fachinfo/ Grundlagen/Die-Nutzwertanalyse.html. Zugegriffen am 01.02.2016.
4. Fenix Projectconsulting & Beteiligungsges. mbH. 2016. ProjectLibre. http://www.projectlibre. de/. Zugegriffen am 01.02.2016.
5. Microsoft. 2016. MS Project. https://products.office.com/de-de/project/project-and-portfolio-management-software. Zugegriffen am 01.02.2016.
6. The Institute of Electrical and Electronics Engineers (IEEE). 1984. ANSI IEEE Std 830-1984 IEEE Guide to Software Requirements Specification. Piscataway: IEEE.
7. Wikipedia. 2016. Balanced Scorecard. https://de.wikipedia.org/wiki/Balanced_Scorecard. Zugegriffen am 01.02.2016.
8. Wikipedia. 2016. Delphi-Methode. https://de.wikipedia.org/wiki/Delphi-Methode. Zugegriffen am 01.02.2016.
9. Wikipedia. 2016. ISO/IEC 9126. https://de.wikipedia.org/wiki/ISO/IEC_9126. Zugegriffen am 01.02.2016.
10. Wikipedia. 2016. Inhalts- und Umfangsmanagement. https://de.wikipedia.org/wiki/Inhalts-_und_Umfangsmanagement. Zugegriffen am 01.02.2016.

Ausblick

4

Dieses Kapitel gibt Ihnen einen Überblick über Zertifizierungsmöglichkeiten im Projektmanagement. Es zeigt einen Ausblick in die Zukunft des Projektmanagements und Sie lernen Möglichkeiten kennen, wie Sie sich intensiver mit dem Thema auseinandersetzen können.

4.1 Zertifizierungen

Es gibt die Möglichkeit, sich von unterschiedlichen Organisationen im Projektmanagement zertifizieren zu lassen.

- Zertifikate über die GPM Deutsche Gesellschaft für Projektmanagement e. V. (GPM) [2]
  Es gibt aktuell 4 Stufen:
  - Level D: Zertifizierte/r Projektmanagement Fachmann/Fachfrau (GPM)
  - Level C: Zertifizierter Projektmanager (GPM)
  - Level B: Zertifizierter Senior Projektmanager (GPM)
  - Level A: Zertifizierter Projektdirektor (GPM)
- Zertifikate des PMI (Auszug) [3]
  - Certified Associate in Project Management (CAPM ®)
  - Project Management Professional (PMP ®)
  - Program Management Professional (PgMP ®)
- Zertifikate für PRINCE2 [6]
  - Foundation Examination – Grundlagen-Prüfung
  - Practitioner Examination – Praktiker-Prüfung

© Springer-Verlag Berlin Heidelberg 2016
D. Alam, U. Gühl, *Projektmanagement für die Praxis*, Xpert.press,
DOI 10.1007/978-3-662-48047-2_4

4.2   Mehr Informationen

Ein umfangreiches Glossar – mit allerdings eingeschränktem Zugriff für Nichtabonnenten des Projektmagazins – finden Sie unter [1]. Einen kostenlosen Projektmanagement-Kurs mit der Möglichkeit ein (kostenpflichtiges) Zertifikat zu erwerben ist unter [4] zu finden.

4.3   Projektmanagement in der Zukunft

In der Softwareentwicklung setzt sich die agile Vorgehensweise immer mehr durch,[1] sodass auch das Thema „Agiles Projektmanagement" in Zukunft breiteren Raum einnehmen wird. Einzelne Methoden und innovative Ideen wie etwa Timeboxing (vgl. Meilensteinplanung im Abschn. 3.3.3) oder aus Scrum die Retrospektive (siehe Abschn. 2.2.5) werden zukünftig immer mehr auch im Nicht-IT-Projektmanagement zu finden sein.

4.4   ... und was wir Ihnen noch mitgeben wollen

Für Sie möchten wir die für uns wichtigsten Erkenntnisse zusammenfassend wiederholen:

- Machen Sie Betroffene zu Beteiligten.
- Fordern Sie Wahrheit und Verbindlichkeit ein.
- Lassen Sie Scheitern rechtzeitig zu.
- Binden Sie Projektmitarbeiter in Aufwandsschätzungen mit ein.
- Lassen Sie die richtigen Leute die für sie richtigen Aufgaben machen.
- Beachten Sie Umweltaspekte
  Projekte beeinflussen und gestalten zwangsläufig auch die Umwelt. Übernehmen Sie dafür Verantwortung, dass Projekte die Umwelt positiv, im ungünstigen Fall möglichst wenig nachteilig verändern. Beachten Sie in Projekten, welche sich mit der Erstellung von Produkten befassen oder bei welchen Abfall entsteht, auch den Umweltschutz. Berücksichtigen Sie mit einem ganzheitlichen Ansatz schon frühzeitig die Themen Ressourcenschonung und Recycling.

Zum Abschluss empfehlen wir Ihnen sehr, sich für ein erfolgreiches Projektmanagement auch bezüglich sozialer und emotionaler Kompetenz, Kommunikation und Konfliktmanagement weiterzubilden. Nutzen Sie den regelmäßigen Austausch mit Experten, nutzen Sie Supervisionen und kollegiale Beratung.
Die Autoren wünschen Ihnen für Ihre Projekte bestes Gelingen!

---

[1]2013 setzten laut VersionOne 84 % aller Unternehmen agile Prozesse ein [5].

4.5   Zusammenfassung

Zertifizierungsprogramme nationaler und internationaler Organisationen geben die Möglichkeit, Wissen im Projektmanagement auszubauen und bestätigen zu lassen. Auch firmenspezifisch gibt es oft entsprechende Qualifikationsprogramme. Zukünftig wird agiles Projektmanagement eine immer wichtigere Rolle einnehmen.

Literatur

1. Angermeier, Georg. 2016. Projektmanagement-Glossar des Projekt Magazins. https://www.projektmagazin.de/glossar/. Zugegriffen am 01.02.2016.
2. Gesellschaft für Projektmanagement. 2016. GPM Deutsche Gesellschaft für Projektmanagement e. V. http://www.gpm-ipma.de/. Zugegriffen am 01.02.2016.
3. Project Management Institute. 2016. PMI – the World's Leading Professional Association für Project Management. http://www.pmi.org/. Zugegriffen am 01.02.2016.
4. TEIA AG Internet Akademie und Lehrbuch Verlag. 2016. Projektmanagement & MS Project. https://www.teialehrbuch.de//Kostenlose-Kurse/Projektmanagement-und-MS-Project-2000/. Zugegriffen am 01.02.2016.
5. Version One. 2013. 7th Annual State of Agile Development Survey. https://www.versionone.com/pdf/7th-Annual-State-of-Agile-Development-Survey.pdf. Zugegriffen am 01.02.2016.
6. Wikipedia. 2016. Prince2. https://de.wikipedia.org/wiki/PRINCE2. Zugegriffen am 01.02.2016.

Vorlagen

5

In diesem Kapitel finden Sie Vorlagen zu den in diesem Buch vorgestellten Themen.

Wie in Abb. 5.1 dargestellt, finden Sie passend zu den Projektphasen folgende Vorlagen:

- Querschnittsthemen
  - Projektsteckbrief (S. 129)
  - Aufgabenliste (S. 130)
  - Anforderungsliste (S. 131)
  - Projekthandbuch (S. 132)
  - Risikoliste (S. 140)
  - Kommunikationsplan (S. 141)
  - Protokoll (S. 142)
- Strategiephase
  - RACI-Matrix (S. 143)
  - Umfeldanalyse (S. 144)
  - Projektauftrag (S. 145)
- Planungsphase
  - Projektstrukturplan (S. 146)
  - Arbeitspaket (S. 147)
  - Meilensteinplan (S. 148)
  - Ressourcen- / Kostenplan (S. 149)
- Realisierungsphase
  - Meilenstein-Report (S. 150)
  - Projektstatus (S. 151)
- Abschlussphase
  - Projektabschlussbericht (S. 152)

© Springer-Verlag Berlin Heidelberg 2016
D. Alam, U. Gühl, *Projektmanagement für die Praxis*, Xpert.press,
DOI 10.1007/978-3-662-48047-2_5

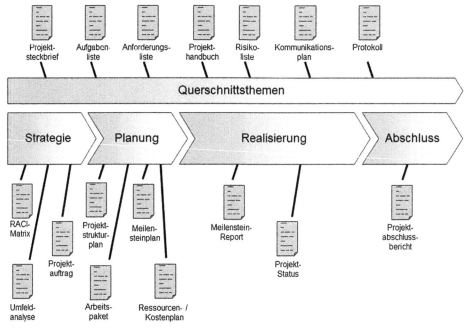

Abb. 5.1 Vorlagen zugeordnet zu den Projektphasen

Projektsteckbrief

Projektname		Projekt-Nr.	
Auftraggeber			
Steuerkreis			
Projektleiter			
Projektteam			
Beteiligte			
Zu informieren			
Leistungspartner			
Projektstart		Projektende	
Projektziele			
Nicht-Ziele			
Projektumfang			
Meilensteine			
Auftragswert			
Zahlungsbedingungen			

Ort, Datum	Auftraggeber	Projektleiter

Aufgabenliste

Nr.	Aufgabe	Kategorie	Verant-wortlich	Start-datum	Ziel-datum	Prio-rität	Status	Ergebnis	Bemerkungen

Anforderungsliste

Projektname		Projekt-Nr.	

Nr.	Anforderung	Begründung	Verant-wortlich	Prio-rität	Status	Kommentare

Projekthandbuch

Projekt:	....
Autor:	....
Version:	....
Zuletzt gespeichert:	....
Hinterlegungsort:	....

Dokumentverwaltung

Versionshistorie

Datum	Autor	Version	Inhaltliche Änderungen

Verteilung

Datum	Version	Verteiler, Namen

Zustimmung

Datum	Version	Verteiler, Namen

Relevante Dokumente

Name	Version	Hinterlegt

Projekthandbuch

1   Einleitung

1.1   Zweck des Projekthandbuchs

1.2   Kurzbeschreibung des Projekts

1.3   Ansprechpartner

Name	Rolle	Abteilung	Telefon	Email

Projekthandbuch

2   Projektsituation

....

2.1   Situationsanalyse

....
....
....
....

2.2   Umfeldanalyse

....
....
....
....

2.3   Projektauftrag

....
....
....
....

2.4   Ziele

....
....
....
....

Projekthandbuch

2.5 Kommunikation

....

....

....

....

2.6 Eskalation

....

....

....

....

2.7 Spielregeln

....

....

....

....

2.8 Dokumentation

....

....

....

....

Projekthandbuch

3   Projektpläne

....

3.1   Projektstrukturplan (PSP)

....

....

....

....

3.2   Arbeitspakete des PSP

....

....

....

....

3.3   Terminplan

....

....

....

....

3.4   Ressourcen- und Kostenplan

....

....

....

....

Projekthandbuch

3.5   Projektorganisation

....

....

....

....

3.6   Kickoff

....

....

....

....

Projekthandbuch

4   Projektdurchführung

....

4.1   Meilensteine

....
....
....
....

4.2   Projektcontrolling

....
....
....
....

4.3   Protokolle

....
....
....
....

4.4   Risikomanagement

....
....
....
....

Projekthandbuch

5 Projektabschluss

5.1 Abnahme

....

....

....

....

5.2 Abschlussdokumentation

....

....

....

....

5.3 Übergabe

....

....

....

....

Risikoliste

Projektname							Projekt-Nr.		

Nr.	Risikoinhalt	Ursache	Verant-wortlich	W	S	Risiko = W * S	Status	Kommentare

Legende:

W = Eintrittswahrscheinlichkeit (des Risikos)

    1 = niedrig

    2 = möglich

    3 = hoch

S = Schadensausmaß (Auswirkung auf das Projekt bei Eintreten des Risikos)

    1 = weniger kritisch

    2 = kritisch

    3 = sehr kritisch

$Risiko$ = Eintrittswahrscheinlichkeit W x Schadensausmaß S

Kommunikationsplan

Projektname		Projekt-Nr.	
Projektleiter			
Version / Datum			
Autor			

Art der Kommunikation	Inhalt	Kommunikations-partner	Frequenz	Dokumentation
Projektauftraggeber-Sitzung				
Projektsitzung				
Teilprojektsitzung				
Einzelgespräche				
Fachthema1-Sitzung				
Projektinformationen				

Protokoll

Projektname		Projekt-Nr.	
Ort			
Thema		Datum	
Protokollant		Version	
Teilnehmer			
Verteiler			

Nr.	(A)ufgabe (B)eschluss (I)nformation	Beschreibung	Verantwortlich	Bis wann?

RACI-Matrix

ID	Aufgaben		Rollen						

R = Responsible – verantwortlich für die Durchführung

A = Accountable – rechtlich verantwortlich

C = Consulted – beratend

I = Informed – wird informiert

Umfeldanalyse

Stakeholder	Mögliche Rolle im Projekt	Einstel- lung zum Projekt	Mögliche Einflussnah- me / Macht	Maßnahmen / Strategien

Projektauftrag

Projektname		Projekt-Nr.	
Auftraggeber			
Steuerkreis			
Projektleiter			
Projektteam			
Projektstart		Projektende	
Projektziele			
Nicht-Ziele			
Projektumfang			
Meilensteine			
Auftragswert			

_____   _____   _____
Ort, Datum   Auftraggeber   Projektleiter

Projektstrukturplan (PSP)

Projektname		Projekt-Nr.	
Projektleiter			
Version / Datum			

			Soll		Ist	
PSP -Nr.	Teilprojekt / Hauptarbeitspaket / Arbeitspaket	Verant- wortlich	Arbeits- aufwand	Bearbei- tungs- dauer	Arbeits- aufwand	Bearbei- tungs- dauer

Arbeitspaket

Projektname		Projekt-Nr.	
AP-Nr. aus PSP / Arbeitspaket-Name			
Verantwortlicher			
Mitarbeiter			
Abnahme durch			

Fortschrittskontrolle	Soll		Ist	
	Arbeitsaufwand	Bearbeitungsdauer	Arbeitsaufwand	Bearbeitungsdauer
Start				
Zwischenstand				
Ende				

Ziele	
Voraussetzungen (Input)	
Inhalte	
Ergebnisse (Output)	

Meilensteinplan

Nr.	Original Plantermin	Aktueller Plantermin	Ist-Termin	Ergebnis	Entscheidungen - Ausgangskriterien		
					Krit. Nr.	Kriterium	Ergebnis
1					1.1		
					1.2		
					1.3		
2					2.1		
					2.2		
					2.3		
					2.4		
					2.5		
3					3.1		
					3.2		
					3.3		
					3.4		
					3.5		
4					4.1		
					4.2		
					4.3		
					4.4		
					4.5		
5					5.1		
					5.2		
					5.3		
					5.4		
					5.5		
6					6.1		
					6.2		
					6.3		
					6.4		
					6.5		
7					7.1		
					7.2		
					7.3		

Ressourcen- /Kostenplan

PSP- Nr.	Arbeitspaket	Qualifizierung (intern / extern)	Planwerte			Istwerte		
			Stundensatz	Stunden	Kosten	Stundensatz	Stunden	Kosten

Meilenstein-Report

Projektname		Projekt-Nr.	
Projektleiter			
Version / Datum			
Meilenstein			
Termin			

	Entscheidungen-Ausgangskriterien			Ergebnis		
Krit. Nr.	Kriterium	Verantwortlich	Abnahme durch	Beschreibung	Status	Kommentar

Projektstatus

Projektname		Projekt-Nr.	
Projektleiter			
Zeitraum			

1. Stand

Ergebnisse	
Tätigkeiten	

2. Ausblick

Geplante Aktivitäten bis zum nächsten Statusbericht	
Geplante Aktivitäten bis Projektende (Backlog)	
Risiken im Projekt	
Offene Punkte (ToDos)	

Projektabschlussbericht

Projektname		Projekt-Nr.	
Auftraggeber			
Projektleiter			
Projektstart		Projektende	
Projektergebnisse			
Abnahme			
Projektbewertung			
• Erreichungsgrad des Ziels			
• Abgelieferte Qualität			
• Höhe der Kosten			
• Benötigte Zeit			
Erkenntnisse			
• Positive Eindrücke			
• Verbesserungs- potentiale			

_____   _____   _____
Ort, Datum   Auftraggeber   Projektleiter

Lösungen

6

Aufgaben aus Kap. 1

1.1 Projekt

(a) Was ist ein Projekt?

Ein Projekt ist ein einmaliges zeitlich begrenztes Vorhaben mit einem Anfang und einem Ende.

(b) Was sind die Merkmale eines Projekts?

- Zeitlich begrenzt
- Definiertes Ziel
- Ausreichend komplex
- Bereichsübergreifend

1.2 Erfolgsfaktoren

Nennen Sie mindestens drei Erfolgsfaktoren für Projekte.

1. Einbinden der Anwender
2. Unterstützung durch das Top-Management
3. Klare Anforderungen
4. Vernünftige Planung
5. Realistische Erwartungen
6. Kleine Projektmeilensteine
7. Kompetente Mitarbeiter

© Springer-Verlag Berlin Heidelberg 2016

D. Alam, U. Gühl, *Projektmanagement für die Praxis*, Xpert.press,
DOI 10.1007/978-3-662-48047-2_6

8. Klare Zuständigkeit (ownership)
9. Klare Visionen und Themen
10. Fleißiges zielorientiertes Projektteam

Aufgaben aus Kap. 2

2.1 Kommunikation
Welche Auswirkung hat eine schlechte Kommunikation im Projekt?
Schlechte Kommunikation ist der häufigste Grund dafür, dass ein Projekt scheitert.

2.2 Dokumentation
Was für eine Rolle spielt Dokumentation in einem Projekt?

- Dokumentation dient hauptsächlich der Information und als wesentliches Qualitäts-
  merkmal der Transparenz und Nachvollziehbarkeit:
  - Welches Problem war zu lösen (Projektauftrag)?
  - Wie wurde das Problem gelöst (Projektergebnis)?
  - Wie war der Projektverlauf?
    - Warum wurde gerade dieser Lösungsweg beschritten, was waren die Vorteile?
    - Welcher Aufwand und welche Kosten sind entstanden?
- Ziel ist eine möglichst lückenlose und aussagekräftige Dokumentation, die am besten
  parallel zur Projektabwicklung geschrieben wird.

2.3 Qualität
Was bedeutet für Sie Qualität im Projektmanagement?
Sicherstellen, dass die Arbeitsergebnisse den Projektzielen entsprechen. Der Schwerpunkt
liegt hier auf den fachlichen Projektinhalten.

2.4 Risikomanagement
Warum sollte man in einem Projekt Risikomanagement durchführen?

- Risiken sind ein typisches Merkmal eines Projekts.
- Risikomanagement hilft, frühzeitig mit Risiken umzugehen, um deren Eintreten zu
  verhindern oder die Auswirkungen eintretender Risiken zu mindern.
- Mit Risikomanagement können gefährdende Einflüsse und Entwicklungen rechtzeitig
  erkannt und geeignete Maßnahmen ergriffen werden, um den Projekterfolg zu sichern.
- Hinweis: Aktiengesellschaften sind zum Schutz von Kapitalgebern, Kunden, Lieferan-
  ten und Mitarbeitern verpflichtet, sich mit Risikomanagement zu beschäftigen.

Aufgaben aus Kap. 3

3.1 Projektziele

(a) Was verstehen Sie unter einer Zieldefinition?
Die oftmals unklaren, zu anspruchsvollen oder sogar widersprüchlichen Vorstellungen der Initiatoren eines Projekts als Projektziele definieren.

(b) Zieloperationalisierung: Was umfasst eine Zielbeschreibung?
Die Zielbeschreibung umfasst die Beantwortung folgender Fragen:

- Was soll erreicht werden?
- Wie viel soll erreicht werden?
- Wann soll es erreicht werden?
- Wo soll es erreicht werden?

(c) Warum sind Projektziele wichtig?
Unklare Projektziele führen häufig dazu, dass Projekte scheitern.

(d) Auf was sollten Sie bei der Beschreibung der Ziele auf jeden Fall achten?

- Die Ziele sollen quantifizierbar sein: Ziele messbar machen.
- Abgrenzen mit Nicht-Zielen: Was soll nicht erreicht werden?

(e) Welche Methoden können Sie für das Finden von Projektzielen einsetzen?

- Brainstorming
- Mind-Mapping

3.2 Umfeldanalyse

(a) Welche Methoden können Sie für die Umfeldanalyse einsetzen?

- RACI-Matrix
- Mind-Mapping

(b) Was sind mögliche Probleme in der Umfeldanalyse?

- Eine ungenügende Informationspolitik führt zu fehlenden oder falschen Informationen.

- Hidden agenda: Betroffene des Projekts sprechen nicht offen ihre Bedenken, Einwände und Erwartungen aus.

(c) Was ist der Unterschied zwischen der Umfeldanalyse und der Risikoanalyse?

- Die Umfeldanalyse untersucht die Einstellungen aller Personen, die das Projekt beeinflussen.
- Die Risikoanalyse betrachtet und bewertet (monetär) potenzielle Schäden durch Risiken.

3.3 Meilensteine

(a) Was ist ein Meilenstein?

- Ein Ereignis besonderer Bedeutung
- Ein Zwischenziel mit wichtigen Projektergebnissen

(b) Warum sind in einem Projekt Meilensteine notwendig?

- Um im Rahmen der Projektdurchführung zu definierten Zeitpunkten prüfen zu können, ob die geplanten Ziele erreicht worden sind bzw. erreicht werden können.
- Meilensteinen definieren messbare Kriterien, um Aktivitäten abnehmen zu können.
- Mit Meilensteinen lässt sich ein Projekt in Phasen gliedern, was das zielgerichtete gemeinsame Vorgehen unterstützt.

3.4 Projektplan
Was sind die wichtigsten im Projektplan zusammengefassten Pläne?
Erläutern Sie diese kurz.

- Projektstrukturplan (PSP)
  Der PSP gliedert ein Projekt und beschreibt damit dessen Inhalt und Umfang.
- Terminplan
  Der Terminplan ordnet die im PSP identifizierten Arbeitspakete zu einem realistischen Projektablauf an.
- Ressourcen- und Kostenplan
  Der Ressourcen- und Kostenplan identifiziert die Ressourcen, welche für Vorgänge, Arbeitspakete und Projekte benötigt werden und stellt die voraussichtlich für das Projekt anfallenden Kosten dar.

3.5 Projektstrukturplan (PSP)
Warum und wofür wird ein Projektstrukturplan benötigt?
Der Projektstrukturplan (PSP) ist die Grundlage für folgende Punkte:

- Verteilung der Verantwortlichkeiten im Projekt
  - Der PSP zerlegt das Projektziel in operative Ziele für die Projektmitarbeiter.
  - Der PSP ermöglicht, die Aufgaben eindeutig abzugrenzen und den Projektmitgliedern zuzuordnen.
- Schätzung des Zeitbedarfs und der Projektkosten
  - Das Erstellen des PSP führt zur Transparenz des gesamten Arbeitsumfangs.
  - Diese Transparenz ist Voraussetzung für die Schätzung der benötigten Zeit und der Kosten.
- Projektsteuerung
  - Der PSP erleichtert frühzeitiges und gezieltes Reagieren auf Ablaufstörungen, Terminverzögerungen, Kapazitätsengpässe und Budgetüberschreitungen.
  - Der PSP hilft auch bei der regelmäßigen Bewertung der Projektrisiken.
- Gliederung der Projektdokumentation
  Der PSP kann genutzt werden als Gliederungsprinzip der Projektdokumentation, des Berichtswesens und der Agenda der Projektstatussitzungen.

3.6 Projektstrukturplan (PSP) – Beurteilung

(a) Welche Vorteile bietet ein PSP?

- Verteilung von Verantwortlichkeiten
- Grundlage der Projektsteuerung
- Grundlage der Projektdokumentation
- Risikobewertung ist leichter möglich
- Basis zur Schätzung der Projektlaufzeit und der Projektkosten

(b) Was sind die Grenzen des PSP?

- Keine zeitliche Darstellung der Abfolge der Arbeitspakete innerhalb des Projekts
- Keine Übersicht über die Auslastung der Projektressourcen

3.7 Ressourcen- / Kostenplan
Was ist der Nutzen eines Ressourcen- und Kostenplans?

- Er bietet Transparenz durch das Aufdecken der Zahlungsströme im Projekt.
- Aus dem Bedarf an Ressourcen und Finanzmitteln, der durch die Aufwandsschätzung für Arbeitspakete, Vorgänge und Projekte bestimmt wurde, können die gesamten Projektkosten hochgerechnet werden.

3.8 Projektorganisation

(a) Listen Sie die Ihnen bekannten Organisationsformen auf.

- Linienprojektorganisation (nach Bereichen, Abteilungen)
- Einfluss-Projektorganisation
- Matrix-Projektorganisation
- Reine Projektorganisation
- Projektgesellschaft

(b) Welche Fragen sollte ein Projektorganigramm beantworten?

- Wer ist der Auftraggeber?
- Wer ist der Projektleiter? Wer sind die Teilprojektleiter? Wer sind die Verantwortlichkeiten für die Arbeitspakete?
- Wer nimmt das Ergebnis ab?

3.9 Projektorganisation – Beurteilung

(a) Ist eine Linienorganisation für die Durchführung eines Projekts geeignet?
Eine Linienorganisation ist in der Regel ungeeignet für die Durchführung von Projekten. Grund: Bestehende Linienorganisationen sind

- ideal für die Erfüllung regelmäßig wiederkehrender bekannter (meist fach orientierter) Geschäftsvorfälle
- nicht flexibel genug für eine rasche Reaktion auf Probleme und Änderungserfordernisse

(b) Was sind die Vorteile einer Projektorganisation?

- Es gibt eine klare Führungsverantwortung und Entscheidungskompetenz des Projektleiters für eine effektive Projektdurchführung.
- Eine hohe Identifikation des Projektteams mit dem Projekt ist möglich.
- Konflikte müssen nicht über die Hierarchien der Linienorganisation ausgetragen werden.

3.10 Projektcontrolling

(a) Was verstehen Sie unter Projektcontrolling?
Ziel des Projektcontrollings ist, den tatsächlichen Projektablauf hinsichtlich Kosten, Termine und Ergebnisse so gut wie möglich in Übereinstimmung mit dem geplanten Projektablauf zu halten.

(b) Was setzt das Projektcontrolling voraus und was umfasst es?

Grundlage für die Bestimmung des Solls ist der Projektplan. Das Ist ergibt sich aus aktuellen Projektinformationen. Damit ist ein Soll-Ist-Vergleich möglich: Abweichungen können erkannt und analysiert werden. Steuerungsmaßnahmen leiten sich daraus ab, um evtl. vorliegende Soll-Ist-Abweichungen zu korrigieren.

Glossar

Hinweis:
Die gemäß der DIN-Normen DIN 69900-1 und 69900-2 sowie DIN 69901-1 bis 69901-5 definierten Projektmanagement-Normen wurden entnommen aus dem Projektmanagement-Glossar des Projekt Magazins (Angermeier, Georg; URL: https://www.projektmagazin.de/glossar/).

Abschlussphase Die letzte Projektphase führt die finalen Projektaktivitäten zusammen.

AKV Aufgaben, Kompetenzen und Verantwortlichkeiten

AO Abgabenordnung

AP Arbeitspaket

Arbeitspaket DIN 69901 definiert das Arbeitspaket als das „kleinste, nicht weiter zergliederte Element im Projektstrukturplan, das auf einer beliebigen Projektstrukturebene liegen kann".

Aufgabenliste Synonyme: *Action-Item-Liste* oder *To-Do-Liste*.
Typische Inhalte von Projektbesprechungen sind Informationen, Ergebnisse, Beschlüsse und Aufgaben. Aufgaben sollten in einer Aufgabenliste hinterlegt werden, wobei jede Aufgabe eine Beschreibung der zu erledigenden Tätigkeiten, die jeweiligen Verantwortlichen und die Termine enthält. Eine regelmäßige Aktualisierung der Aufgabenliste zeigt zusammengefasst die zum aktuellen Zeitpunkt offenen Punkte.

Aufwandsschätzung Abschätzung des zur Abarbeitung eines Arbeitspakets notwendigen Aufwands (100 % „reine Projektarbeit").

© Springer-Verlag Berlin Heidelberg 2016
D. Alam, U. Gühl, *Projektmanagement für die Praxis*, Xpert.press,
DOI 10.1007/978-3-662-48047-2

Balanced Scorecard Die Balanced Scorecard ist ein in den USA entstandenes Konzept zur Messung, Dokumentation und Steuerung der Aktivitäten eines Unternehmens oder einer Organisation bezüglich seiner Vision und Strategie. Sie umfasst üblicherweise eine Finanz-, Kunden-, Prozess- und Potenzialperspektive.

Balkendiagramm Synonym: *Balkenplan.*
Diagramm zur Darstellung der Zeitplanung eines Projekts. Die Dauer eines Arbeitspakets wird durch die Länge des Balkens in der Zeitachse visualisiert. Die Balken können sowohl Ist- als auch Soll-Daten darstellen. Ereignisse entsprechen Zeitpunkten.

Best Practice Innerhalb eines Benchmarking-Prozesses wird nicht nach der theoretisch oder technisch besten Möglichkeit gesucht. Vielmehr werden die tatsächlich auf dem Markt angebotenen Produkte oder Dienstleistungen hinsichtlich einheitlicher Qualitäts-kriterien miteinander verglichen. Der Sieger wird dann „Best Practice" genannt.

CAPM Certified Associate in Project Management

CCB Change Control Board

Coaching Coaching ist ein Überbegriff für unterschiedliche Beratungsmethoden. Im Zu-sammenhang mit Projektmanagement fungiert ein Coach als begleitender Berater, der mit Weitergabe seiner Erfahrungen den Projektleiter unterstützt.

COCOMO Constructive Cost Model
Algorithmisches Kostenmodell, das in der Softwareentwicklung zur Kosten- bzw. Auf-wandsschätzung verwendet wird.

Controlling Nach DIN 69904 umfasst Controlling die Prozesse und Regeln, die innerhalb des Projektmanagements dazu beitragen, das Erreichen der Projektziele zu sichern.

GPM GPM Deutsche Gesellschaft für Projektmanagement e. V.

HGB Handelsgesetzbuch

ICB IPMA Competence Baseline
Internationaler Projektmanagement-Standard und zentrale Referenz der GPM.

IPMA International Project Management Association

IT Informationstechnologie

KISS-Prinzip KISS steht für **K**eep **i**t **s**hort and **s**imple[1]: Möglichst einfache Lösungen nutzen.

Kommunikation Der Austausch von Informationen zwischen den Projektbeteiligten, insbesondere innerhalb des Projektteams, um Erfahrungen mitzuteilen oder Problemlösungen zu finden.

Kommunikationsplan Ein Kommunikationsplan beschreibt die Kommunikations-, Eskalations- und Informationswege im Projekt. Er dient dem geregelten und strukturierten Informationsaustausch im Projekt.

Kostenplan Nach DIN 69901-5 ist der Kostenplan die „Darstellung der voraussichtlich für das Projekt anfallenden Kosten". Er ist Teil des Projektplans.

Kreativitätstechniken Methoden zur Anregung der Kreativität bei der Erarbeitung neuartiger Problemlösungsansätze.

Krise Unter einer Krise versteht man eine nicht geplante schwierige Entscheidungssituation.

Kritischer Pfad Innerhalb der Netzplantechnik beschreibt der kritische Pfad die längste Dauer der Folge von Vorgängen. Verzögert sich ein Vorgang auf dem kritischen Pfad, verlängert sich die Gesamtprojektdauer.

KVP Kontinuierlicher Verbesserungsprozess

Lastenheft Synonyme: *Anforderungskatalog, Anforderungsspezifikation, Grobkonzept, Rahmenheft* oder *Systemanforderungen*.
Nach DIN 69901-5 beschreibt das Lastenheft die „vom Auftraggeber festgelegte Gesamtheit der Forderungen an die Lieferungen und Leistungen eines Auftragnehmers innerhalb eines Auftrages".

LH Lastenheft

Magisches Dreieck Das magische Dreieck des Projektmanagements steht dafür, dass sich die drei zentralen Ziele eines Projekts gegenseitig beeinflussen. Hierbei handelt es sich zum einen um die Qualität,[2] mit der das Projektziel erreicht werden soll, zum zweiten um

---

[1]Es gibt auch andere Bedeutungen wie etwa **K**eep **i**t **s**imple and **s**mart.
[2]In der Literatur wird auch über „Umfang und Inhalt" (englisch *„scope and contents"*) statt „Qualität" gesprochen.

die Zeit, die für das Projekt aufgewendet werden darf und zum dritten um die Kosten, also dem einzusetzenden Aufwand. Erfolgt die Änderung eines Ziels, so bedingt dies Änderungen eines oder der beiden anderen Ziele.

Meilenstein Synonyme: *Freigabe*, *Kundenfreigabe* oder *Quality Gate*.
Nach DIN 69900 ist ein Meilenstein ein „Ereignis besonderer Bedeutung".

Methode Methode ist der Weg zum Ziel. Methode bedeutet im ursprünglichen (griechischen) Wortsinn „Weg", d. h. durch die Wahl einer Methode wird ein Weg gesucht, um ein vorgegebenes Ziel zu erreichen.

MTA Meilensteintrendanalyse

NCB National Competence Baseline

Netzplantechnik Rechenmethode zur Ermittlung der frühestens möglichen sowie spätestens notwendigen Start- und Endzeitpunkte der Arbeitspakete.

Nicht-Ziele Nicht-Ziele beschreiben, was explizit nicht erreicht werden soll.

Nutzwertanalyse Die Nutzwertanalyse ist ein nicht-monetäres Bewertungsverfahren aus dem Kostenrechnungsumfeld. Ziel ist der Vergleich nicht-monetärer Teilziele, um sich zwischen mehreren Alternativen entscheiden zu können.

PDCA Plan, Do, Check, Act

Pflichtenheft Synonyme: *Anforderungsspezifikation, Ausführungsplanung, Fachfeinkonzept, fachliche Spezifikation, Feinkonzept, Funktionsspezifikation, Projektspezifikation* oder *Sollkonzept*.
Das Pflichtenheft umfasst nach DIN 69901-5 die „vom Auftragnehmer erarbeiteten Realisierungsvorhaben aufgrund der Umsetzung des vom Auftraggeber vorgegebenen Lastenhefts" und stellt so die Konkretisierung des Lastenhefts dar.

PgMP Program Management Professional

PL Projektleiter

Planungsphase Die Planungsphase umfasst Planungsaktivitäten und die Festlegung der Projektorganisation. Diese Projektphase schließt mit dem Projektplan und der Kickoff-Veranstaltung ab.

PM Projektmanagement

PMBOK Project Management Body of Knowledge

PMBOK-Guide Guide to the Project Management Body of Knowledge

PMI Project Management Institute

PMO Project Management Office

PMP Project Management Professional

PRINCE2 Projects in Controlled Environments

Projekt Nach DIN 69901-5 ist ein Projekt ein „Vorhaben, das im Wesentlichen durch Einmaligkeit der Bedingungen in ihrer Gesamtheit gekennzeichnet ist".

Projektabschluss Der Projektabschluss ist nach DIN 69901-5 das „formale Ende eines Projekts" und bedeutet die „Beendigung aller Tätigkeiten, die mit dem Projekt in Zusammenhang stehen".

Projektauftrag Synonyme: *Auftrag, Projektleitervereinbarung* oder *Projektvereinbarung*.
DIN 69901-5 definiert den Begriff „Auftrag" als „Vertrag über Lieferungen und Leistungen, dessen Zustandekommen das Einverständnis der Vertragsparteien voraussetzt".

Projektbüro Synonym: *Project Management Office (PMO)*.
Das Projektbüro unterstützt den Projektleiter, aber auch Projektmitglieder hauptsächlich administrativ, zum Beispiel mit Erstellen und Pflege des Projekthandbuchs, Organisation von Besprechungen usw.

Projektcontrolling Projektcontrolling bedeutet nach DIN 69901 die „Sicherung des Erreichens der wirtschaftlichen Projektziele".

Projektdokumentation Nach DIN 69901 umfasst die Projektdokumentation die „Zusammenstellung ausgewählter, wesentlicher Daten über Konfiguration, Organisation, Mitteleinsatz, Lösungswege, Ablauf und erreichte Ziele des Projekts".

Projektkultur Die Projektkultur ist die Gesamtheit der von Wissen, Erfahrung und Tradition beeinflussten Verhaltensweisen der Projektbeteiligten und deren generelle Einschätzung durch das Projektumfeld.

Projektleiter Synonym: *Projektmanager*.
Der Projektleiter ist gegenüber dem Auftraggeber verantwortlich für die Erreichung der im Projektauftrag definierten Ziele. Hierzu plant, steuert und überwacht er das Projekt.

Projektmanagement Projektmanagement umfasst die Koordination von Menschen und den optimalen Einsatz von Ressourcen zum Erreichen von Projektzielen.

Projektorganisation DIN 69901 beschreibt die Projektorganisation als die „Gesamtheit der Organisationseinheiten und der aufbau- und ablauforganisatorischen Regelungen zur Abwicklung eines bestimmten Projekts".

Projektphase Eine Projektphase ist nach DIN 69901-2 eine „durch fachliche Zusammenhänge bedingte Phase im zeitlichen Ablauf des Projekts, abhängig von der Branche oder Projektart".

Projektplan Gemäß DIN 69901-5 ist der Projektplan die „Gesamtheit aller im Projekt vorhandenen Pläne".

Projektstrukturplan Nach DIN 69901-5 ist der Projektstrukturplan die „vollständige hierarchische Darstellung aller Elemente (Teilprojekte, Arbeitspakete) der Projektstruktur als Diagramm oder Liste". Er ist Teil des Projektplans.

Projektziel Die DIN 69901-5 definiert das Projektziel als „Gesamtheit von Einzelzielen, die durch das Projekt erreicht werden".

Prozess Ein Prozess hat einen definierten Anfang mit einem Ereignis oder einer Eingabe (Input). Er beschreibt einen Ablauf von Aktivitäten, optional mit Zwischenständen. Es gibt ein definiertes Ende mit einem Ergebnis (Output).

PSP Projektstrukturplan

QM Qualitätsmanagement

RACI Responsible (verantwortlich für die Durchführung), Accountable (rechtlich verantwortlich), Consulted (beratend), Informed (wird informiert)

Realisierungsphase Diese Projektphase umfasst alle Aktivitäten zum Erreichen der definierten Projektziele.

Requirements Engineering Das Requirements Engineering stellt sicher, dass im Projekt alle Anforderungen bekannt und dokumentiert sind sowie eine ausreichende Übereinstimmung der Stakeholder bzgl. dieser Anforderungen erzielt wird.

Ressource Innerhalb eines Projekts umfassen die Ressourcen das Personal und die Sachmittel, die für die Erledigung der Vorgänge eingesetzt werden.

Ressourcenplan Synonyme: *Einsatzmittelplan* oder *Kapazitätsplan*.
Die DIN 69901-5 definiert den Ressourcenplan als eine Übersicht über die für ein oder mehrere Projekte eingeplanten Ressourcen. Er ist Teil des Projektplans.

Risikomanagement DIN 69901-5 beschreibt Risikomanagement als die „Ausschaltung, Vermeidung oder Verringerung von Projektrisiken".

ROI Return on Investment

RUP Rational Unified Process

Scope Management Synonym: *Inhalts- und Umfangsmanagement*.
Das Scope Management stellt sicher, dass basierend auf den Projektzielen der Projektumfang definiert, erarbeitet und dessen Umsetzung sichergestellt wird. Alle entsprechenden Arbeitsaufgaben sind für gewöhnlich im Projektstrukturplan hinterlegt.

Soft Skills Synonym: *Soziale Kompetenz*.
Soft Skills sind berufsübergreifende Kompetenzen zum Umgang mit sich selbst und anderen Menschen, welche die fachlichen Fähigkeiten und Qualifikationen ergänzen.

Stakeholder Stakeholder sind alle, die das Projekt beeinflussen können, am Projekt interessiert oder vom Projekt betroffen sind.

Steuerkreis Synonyme: *Entscheiderkreis, Lenkungsausschuss, Projektausschuss* oder *Review Board*.
Der Steuerkreis ist das Aufsichtsgremium des Projekts. Mitglieder des Steuerkreises sind der Auftraggeber, typischerweise als Vorsitzender, sowie die wesentlichen organisationsinternen Stakeholder.

Strategiephase Die grundlegende, erste Projektphase umfasst typischerweise Analysen, Klärung der Aufgabenstellung und schließt ab mit einem Projektauftrag.

Terminplan Synonym: *Zeitplan*.
Der Terminplan ist die grafische Darstellung der Dauer der einzelnen Arbeitspakete innerhalb eines Projekts, etwa in Form von Balken- oder Netzplandiagrammen. Er ist Teil des Projektplans.

Trendanalyse Im Projektmanagement-Umfeld ist dies eine mathematische Technik, welche historische Ergebnisse nutzt, um zukünftige Ergebnisse vorherzusagen. Dafür werden Varianzen in den Kosten und im operativen Ablauf aufgezeichnet.

WBS Work Breakdown Structure

Zieldefinition Die Zieldefinition umfasst die quantitative und qualitative Festlegung des Projektinhaltes und der einzuhaltenden Realisierungsbedingungen, z. B. Kosten und Dauer, in Zielmerkmalen mit meist unterschiedlichen Zielgewichten wie etwa Muss- und Kann-Ziele (nach DIN 69901-5).

Sachverzeichnis

© Springer-Verlag Berlin Heidelberg 2016
D. Alam, U. Gühl, *Projektmanagement für die Praxis*, Xpert.press,
DOI 10.1007/978-3-662-48047-2

Printed by Printforce, the Netherlands